TIME COSMOS

오리지널 1차 한정판

Time Cosmos
- 시간을 거스르는 자, 이병철 篇

초판 1쇄 발행 2025년 9월 12일

지은이 윤택
펴낸이 장현수
펴낸곳 메이킹북스
출판등록 제 2019-000010호

디자인 홍규선
편집 홍규선
교정 안지은
마케팅 김소형

주소 서울특별시 구로구 경인로 661, 핀포인트타워 912-914호
전화 02-2135-5086
팩스 02-2135-5087
이메일 making_books@naver.com
홈페이지 www.makingbooks.co.kr

ISBN 979-11-6791-752-2(03320)
값 16,900원

홈페이지 바로가기

메이킹북스는 저자님의 소중한 투고 원고를 기다립니다.
출간에 대한 관심이 있으신 분은 making_books@naver.com로 보내 주세요.

독서로 능력 흡수하는 대체역사형 경영 자기계발서

TIME COSMOS

시간을 거스르는 자, 이병철 篇

윤택 지음

메이킹북스

첫   장   을

열   어   본

당   신   은

1   9   5   1   년   으   로   회   귀   합   니   다

Time Cosmos

1951
시간속으로

위인들의 능력치를
읽으면서 흡수하는 신개념 자기 계발서

"우리는 위인전을 읽으면서도 왜 그들과 다른 평범한 삶을 살고 있을까?

위대한 인물들의 능력을 책으로 읽으면서,
그들의 힘을 내 것으로 만들 방법은 없는 것일까?

만약 그들의 인생 속으로 직접 들어가 중요한 순간마다 그들의 고민과 선택을 체험할 수 있다면,

그리고 그들의 능력을 매뉴얼화된 방법으로 매일매일 스스로 훈련할 수 있다면,

그 순간, 그들의 위대한 능력치는 분명 내 것이 될 것이 틀림없을 것이다."

"위인들의 능력치를
책으로 흡수하는 4단계 과정 소개"

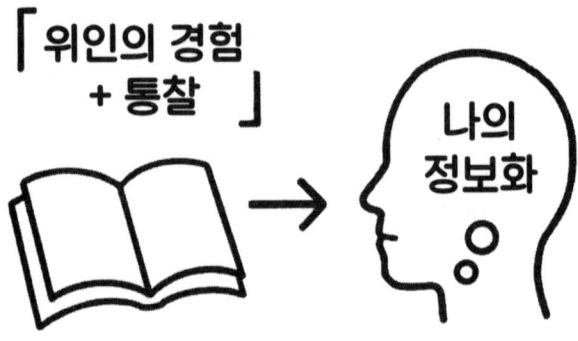

① 읽기 단계(Reading)

[위인의 경험 + 통찰] → [나의 정보화]
의미: 단순히 책을 읽는 것이 아니라, 위인의 경험을 내 머릿속
　　　정보로 변환하는 단계.

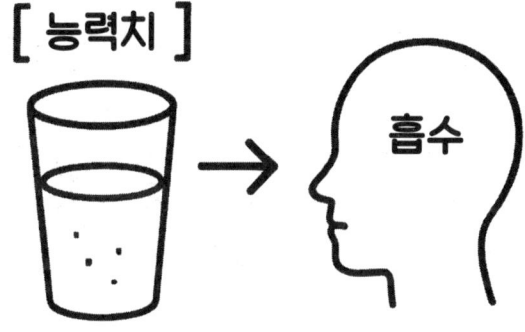

② 흡수 단계(Absorption)

[정보] × [집중·공감] = [내적 자산]
의미: 읽은 내용을 내 삶에 감정과 이해를 통해 흡수해 자기 사산
　　으로 만드는 반복 과정.

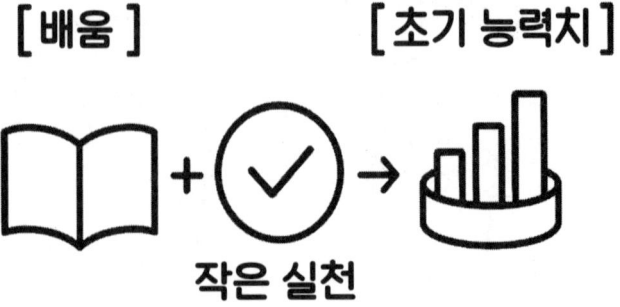

[배움]   [초기 능력치]

작은 실천

③ 모방 단계(Imitation)

[내적 자산] + [작은 실천] = [초기 능력치]
의미: 배운 것을 그대로 따라 해보며 작은 실천으로 초기 능력치
　　를 형성.

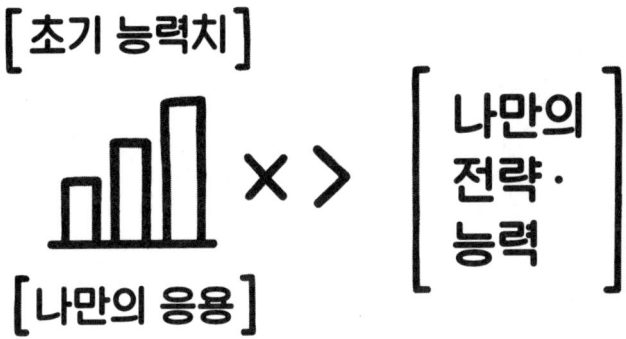

④ 나만의 전략화 단계(Personal Strategy)

[초기 능력치] × [나만의 응용] = [나만의 전략·능력]
의미: 단순 모방을 넘어, 자신만의 방식으로 최종 전략과 능력치
　　를 완성하는 단계.

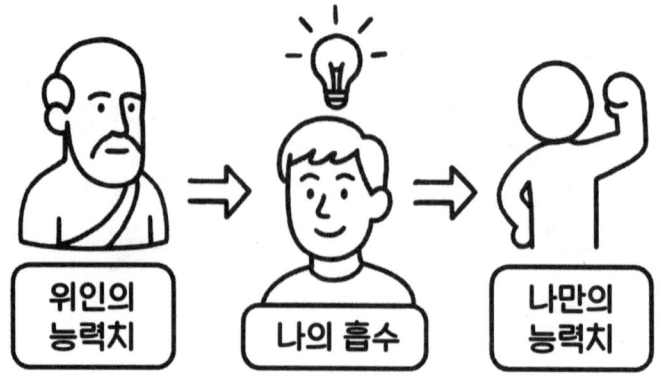

[전체학습공식]

　(위인 경험 → 나의 정보화)
→ (정보 × 집중·공감 = 내적 자산)
→ (내적 자산 + 작은 실천 = 초기 능력치)
→ (초기 능력치 × 나만의 응용 = 나만의 전략·능력)

저자의 말

– 시간의 문 앞에 서 있다면, 과연 우리는 어떤 선택을 할 것인가
어느 날, 문득 이런 질문이 떠올랐습니다.
"만약 누군가가 과거로 돌아가, 어떤 유명인의 삶을 다시 시작할
수 있다면?"
"그리고 그가 미래를 이미 알고 있다면, 그 선택은 세상을 어떻
게 바꿔놓을까?"
"혹시 그가 가진 놀라운 능력을, 우리가 책으로 배울 수는 없
을까?"
그 질문의 끝에서 저는 한 인물을 떠올렸습니다.
바로, 이병철!
그는 단순한 재벌 창업자가 아니었습니다.
일제강점기, 해방, 전쟁, 산업화, 정보화까지—
그의 삶은 곧 대한민국이 걸어온 현대 경영의 역사이자, **스스로
길을 개척한 자수성가형 지도자의 초상**이었습니다.
사람들은 종종 그를 예의 바르고 보수적인 성격의 '모범 CEO'
쯤으로 기억합니다.
하지만 1970년대, 당시 아무도 주목하지 않던 '전자'와 '반도체'
에 그는 마치 용감한 사자처럼 뛰어들었습니다.
1980년대, 정부조차 회의적이던 **'미래 기술'**에 모든 것을 건 **혁**

신가이기도 했습니다.

그는 말했습니다.

"정보는 숫자고, 숫자는 예언이다."

이 한마디엔 단순한 철학이 아니라, 그의 살아 움직이는 경영 전략 그 자체가 담겨 있습니다.

만약 그가 다시 한 번 시간을 얻는다면, 그는 이 세상을 어떤 식으로 설계할까요?

저는 그가 지닌 '능력치'를 보통 사람으로서 진심으로 배우고 싶어졌습니다.

아니, 어쩌면 그는 이미 시간을 거슬러 스스로 설계한 미래를 하나씩 실현해온 사람은 아니었을까요?

그런 상상력에서 이 책은 시작되었습니다. 『TimeCosmos』는 그런 질문에서 비롯된, **예지능력을 얻고 싶어하는 사람들을 위한 놀라운 상상력과 예지·통찰력 훈련의 여정이 들어 있습니다.**

이 책은 사실과 상상이 교차하는 팩션Faction으로 구성되어 있으며, 하나의 대체 역사서이자 통찰 훈련서입니다.

우리는 이병철이 내린 선택, 실패, 후회, 그리고 승리의 과정을 따라가며 그 안에 담긴 '미래를 감지하는 감각'을 추적합니다.

그리고 믿습니다.

보통의 사람도 이 책을 통해서라면 얼마든지 그의 놀라운 통찰력을 배워 증명할 수 있다는 것을…

이 책은 단지 과거를 되돌아보는 기록이 아닙니다. 윤진혁이라는 시간 여행자의 여정을 통해, **당신 자신의 시간과 선택을 되돌아보게 만드는 거울**이 될 것임을 믿어 의심치 않습니다.

혹시 지금, 당신도 **선택의 문 앞에 서 있다면—**
이병철이 그랬던 것처럼 먼저 **"30년 후의 미래"**를 상상해보시기
바랍니다.

"통찰이란, 시간을 지배하는 능력이다."
– 타임코스모스랩 TimeCosmos Lab

목차

2부. 1960년대, 기회의 시대

3부. 1970년대, 다윗의 시대

4부. 글로벌 시대

부록

1부.

1950년대, 재건의 시대

1장. 시간의 문을 열다

2025년 서울, 강남.

강남의 고층 빌딩에 위치한 글로벌 컨설팅 회사.

윤진혁은 하버드 MBA 출신의 경영 컨설턴트이자 스타트업 인수합병 전문가이다.

서울 강남의 밤하늘은 여전히 휘황찬란했다.

수백 개의 빌딩 불빛이 은하수처럼 쏟아지고, 도로 위를 달리는 차량들의 헤드라이트가 끊임없이 이어진다.

그러나 그 빛은 창가에 기댄 윤진혁의 눈에 공허함으로만 떠오를 뿐이다.

고급 오피스 빌딩 27층, 윤진혁의 사무실.

그는 도시의 야경을 멍하니 바라보고 있었다.

그의 뒤로는 산더미처럼 쌓인 서류들과 인수합병 계약서가 널브러져 있었다.

탁자 위에 놓인 위스키 얼음잔이 한 번 더 슬렁 흔들렸다.

"이게 다 무슨 의미지….."

진혁은 중얼거리며 빈잔에 술을 채웠다.

짙은 갈색 위스키가 빛을 머금고, 잔 속에서 부드럽게 일렁였다.

뜨거운 알코올이 목을 타고 흘러내리며 가슴을 서서히 태웠다.

탁자 위엔 S전자 인수합병 계약서가 놓여 있었다.

오늘 아침, 그는 오랜 협상 끝에 S전자의 한 부서를 매각시키는 계약을 성사시켰다.

수백억 원이 오가는 대형 거래였고, 그의 능력을 인정받는 또 하나의 사건이 되었다.

하지만 그는 아무런 성취감도 느끼지 못했다. 아니 오히려 우울함이 파도처럼 밀려왔다.

진혁은 눈을 감았다.

눈앞에 펼쳐진 장면은 15년 전이었다.

하버드 MBA를 졸업하고 돌아온 그는 S전자 글로벌 전략팀에 배치되었다.

그의 목표는 명확했다. 회사의 성장을 이끄는 것.

그의 뛰어난 업무능력에 월화수목금, 때로는 주말까지 일에 매달리는 열정으로 어느 사이에 역대 최연소 임원진이 되어 있었다.

"여보, 아들 돌잔치인데… 어디예요?"

"회의 중이야. 중요한 거래가 있어서. 먼저 시작하고 있어."

그러나 그날 그는 아들의 첫 돌잔치에도 가지 못했다. 그날 밤, 그의 아내는 도저히 그의 무관심을 견디지 못한 채 아들을 안고 집을 나갔다.

시간이 흐를수록 그는 회사에서 더 높은 자리에 올랐다.

글로벌 인수합병 전문가로 성장했고, 수백억 원의 거래를 성사시키며 업계 명성을 얻었다.

그러나 그 과정에서 그는 사람도, 가족도, 자신도 모두 잃어버렸다.

똑! 똑!

갑작스러운 노크 소리에 진혁은 눈을 떴다.

여비서가 문을 열고 고개를 들이밀었다.

"윤 이사님, 이민석 회장님이 전화하셨습니다.
오늘 저녁에 강남 호텔 펜트하우스에서 축하 파티가 있다 하십니다."

진혁은 머리를 저으며 휴대폰을 다시 들었다. 화면에 떠 있는 발신자 이름은 이민석 회장.

S전자의 자회사 중 하나를 인수한 거래를 기념하기 위한 자리였다.

이민석 회장은 진혁의 대학 시절 선배이자, 지금의 그를 만들어 준 사람이었다.

"진혁아, 오늘은 우리가 주인공이야. 어서 와라. 널 위해 내가 27년산 싱글 몰트 위스키까지 준비해뒀다."

민석의 목소리는 들뜬 듯했지만, 진혁은 공허하기만 했다.

그는 거울 앞에 서서 넥타이를 고쳐 맸다.

거울 속 그의 얼굴은 날카롭고 건조했다.

진혁은 차에 올랐다.

고급 세단의 엔진 소리가 부드럽게 울렸나.

도로 위엔 네온사인과 광고판들이 어지럽게 빛나며 뒤로 밀려났다.

진혁은 민석의 전화 속 목소리를 떠올리며 가속 페달을 밟았다.

"윤 이사, 널 위해 준비한 자리야. 너는 진짜 오늘 승자가 될 지격이 있어."
하지만 그의 머릿속엔 도망치듯 뛰쳐나간 아내와 아들의 얼굴이 불현듯 떠올랐다.
아마도 며칠이면 아들은 아빠가 없는 졸업식에서 빈자리를 바라보고 있을 것이다.
그는 차를 멈추고 핸드폰을 집어 들었다. 전화번호부를 열어 아내의 번호를 눌렀다.
하지만 벨이 울리기도 전에 그는 전화기를 던져버렸다.
그리고 그 순간 —
쾅!!!
강렬한 충돌음이 울려 퍼졌다.
전조등이 산산조각 나며, 자동차는 빙글빙글 돌았다. 유리 파편이 쏟아져내리는 차량의 창문을 통해, 핸드폰이 손닿지 않는 곳으로 굴러갔다.
그 화면엔 아내와 아들이 웃고 있는 사진이 흐릿하게 비춰졌다가 이내 시커먼 어둠 속으로 사라져버렸다.

✳ TimeCosmos Note

윤진혁의 2025년 서울 강남에서의 일상은 성공과 공허의 양면성을 극명하게 보여준다.

글로벌 M&A 전문가로 수백억 규모의 거래를 성사시키지만, 그 과정에서 가족·감정·자신의 삶을 잃어버린 인물상이 드러난다.

이 장면은 **"성공이 반드시 충만함을 의미하지 않는다"**는 주제를 초반부터 각인시키며, 이후 전개될 인생 전환의 계기를 준비한다.

✳ 역사적 배경

2020년대 중반, 한국은 글로벌 경제·기술 중심지 중 하나로 자리 잡았다.

강남의 야경과 글로벌 컨설팅·벤처 투자 열풍은 개인 성공과 내적 공허를 동시에 반영한다.

✳ 회귀적 통찰

이 장면의 핵심 통찰은 **"속도의 시대에서 방향을 잃은 인간의 모습"**이다.

승진·성과·부를 얻어도, 삶의 본질적 만족은 채워지지 않는다. 허무와 공허가 극에 달했을 때, 인간은 필연적으로 삶의 전환점을 마주하게 된다.

윤진혁의 자동차 사고 장면은 단순한 불운이 아닌 삶의 속도를 멈추게 하는 **'상징적 충돌'**과 같다.

"삶이 허무하게 느껴질 때,
과거만이 우리를 품어준다.
미래는 늘 질문을 던지고,
과거는 정답처럼 다가온다."

2장. 혼란과 재건의 시작

"…여긴 어디지?"

진혁은 천천히 눈을 떴다. 뿌연 실눈 사이로 낯선 천장이 보였다.

허름한 회색 벽지, 창문 밖으로 보이는 마차와 군복 차림의 군인들.

가슴이 벌렁거렸다. 숨이 가빠졌다. 그는 급히 일어나 방 안을 둘러보았다.

작은 책상 위에 놓인 연필꽂이, 오래된 구식 전화기, 종이에 적힌 메모 몇 장.

그리고… 거울.

그는 거울 앞에 섰다.

그 순간, 피가 거꾸로 솟는 느낌이었다.

그 속엔 자신이 아닌 익숙한 얼굴이 보였다.

"이…병철?"

입안에서 경악스러워하는 말이 튀어나왔지만, 그 목소리조차 너무 낯설었다.

눈은 더 깊었고, 이마는 넓었고, 입매는 단단했다.

믿기지 않았다.

하시만 의심할 여지가 없었다. 실제로도 그를 만난 적이 있었고 회사 기념 행사장 전면에 걸려 있었던 초상화가 지금은 거울 안에 그대로 있다.

그는 놀랍게도 지금, 1951년의 S전자의 이병철이 되어 있었다.

사무실은 조용했다. 너무 조용해서 불안할 정도였다. 낯선 서랍을 열자, 쌀과 면직물 수입 내역이 적힌 서류뭉치가 쏟아져 나왔다. 몇 장 넘겨보니 그중 절반 이상이 줄줄이 적자로 찍혀 있었다.

"S물산… 설마, 이거밖에 안 되었나?"

책상 위엔 'S물산 주식회사'라는 도장이 찍힌 서류철이 하나 놓여 있었다.

미래의 거대한 S전자가 아니라, 겨우 외화로 설탕과 면직물이나 들여와 파는 그저그런 중견회사.

그런 회사가 지금 이 세계에선 자신이 가진 전부였다.

그러던 중, 문이 벌컥 열렸다.

"사장님!"

놀란 눈으로 들어온 중년 남성이 외쳤다.

넥타이는 삐뚤어졌고, 이마엔 땀이 맺혀 있었다.

"은행에서 연락 왔습니다. 대출 만기… 연장 거절당했습니다. 이번엔 진짜입니다."

"얼마 남았지?"

진혁, 아니 이병철은 얼떨결에 하대하듯 물었다.

중년 남성—김 실장은 어두운 얼굴로 대답했다.

"…고작 일주일입니다."

그날 밤, 이병철은 침대에 누웠지만 좀처럼 잠을 이룰 수 없었다. 머릿속엔 수많은 생각이 돌고 돌았다.

'정말 과거로 왔어. 그리고 난 지금 이병철이야. 하지만 S전자는 망하기 일보 직전이야. 나라 전체는 전쟁 중이고, 내 손엔 아무것도 없어.'

하지만 다시 마음을 다잡았다. 이건 꿈이 아니라 기회였다. 그것도 단순히 업계 최고가 아니라 잘만 살리면 세계 최고가 될 수 있는... 자신의 우울함을 단박에 날려버릴 생존본능이 살아 있는 세포처럼 꿈틀거렸다.

'이대로 망하기 전에 바꿔야 해. 다시 만들어야 해. S전자를. 이 나라를. 그리고… 나 자신을 위해.'

이병철은 땀으로 젖은 이불을 서서히 박차고 일어났다.

1951년, 전쟁의 여파가 채 가시지 않은 서울.

S물산 사무실은 어둠과 빗물에 잠겨 있었다. 윤진혁, 아니 이병철은 책상 앞에 앉아 창밖을 바라보고 있었다. 빗물이 창문을 타고 흐르고, 거리엔 군인들이 진창바닥을 어수선하게 오가는 소리가 들렸다. 그의 손에는 낡고 너덜너덜해진 회계 장부가 들려 있었다.

어두운 사무실 안은 숨막힐 듯한 침묵이 흐르고 있었다. 이병철은 눈앞에 펼쳐진 회계 장부를 초롱불 아래 다시 한번 들여다보았다. 숫자들은 끊임없이 줄어들고 있었다. 쌀과 면직물, 설탕을 수입해 판매하는 S물산은 전쟁으로 인해 물자 공급이 끊겼고, 매출은 급격히 하락했다. 그는 그 장부를 손에 쥔 채 천천히 머리를 숙였다. 머릿속에서 숫자들이 떠다니고, 그의 심장은 빠르게 뛰었다.

"이대로 가면 과거와 달리 S물산은 수일 내로 망한다…"

그는 깊은 한숨을 내쉬었다. 그 순간, 문이 거칠게 열렸다. 허름한 양복을 입은 김 실장이 헐레벌떡 뛰어들어왔다. 그의 얼굴은 창백했고, 이마엔 식은땀이 맺혀 있었다.

"회장님! 은행에서 최종 통보가 다시 왔습니다. 또다시 우리의 추가적인 연장 제안을 거부하겠답니다."

이병철은 다시 눈을 꾸욱 감았다. 은행에서 추가적인 연장 제안을 거절한다면 대출 만기일은 이제 오일 남짓. 하지만 현금은 바닥이었고, 자산이라곤 수입해 놓은 설탕 몇 포대와 면직물 몇 꾸러미뿐이었다. 김 실장은 침을 꿀꺽 삼켰다. 그의 목소리는 떨리고 있었다.

"이제 어떻게 하실 겁니까, 사장님."

김 실장은 힘없이 서류 뭉치를 툭 내려놓았다. 이병철은 조용히 앉아 그걸 들춰봤다.

빨간 글씨.

'연장 불가', '신용 미달', '추가 보증 필요'.

"이거… 꽤 심각해지는군."

"사장님! 심각한 정도가 아닙니다. 대출 회수되면 S물산은 바로 부도처리입니다. 사원들 월급도 못 줍니다. 거래처도 다 도산이 줄줄이 연결이 되구요…"

김 실장은 현재의 재정 상황을 울 것처럼 말했다.

이병철은 잠깐 눈을 감았다가 떴다. 머릿속이 복잡했지만, 답답한 감정은 최대한 눌렀다.

"남은 재고는?"

"설탕 90포대, 면직물 38꾸러미. 그게 전부입니다."

"지금 팔면?"

김 실장이 뺄셈을 하듯 손가락을 접었다 폈다.

"그래도 3분의 1은 손해 봅니다. 요즘 가격이 많이 떨어졌거든요. 그걸로는 급여도 다 못 막습니다."

"그래도 팔아야 하겠지."

김 실장은 황당하다는 듯 고개를 들었다.

"예, 예?"

"현금을 만들어야 돼! 재고 들고 있다가 망하면 그건 상품이 아니라 다 쓰레기가 되는 거야."

"그래도 너무 헐값인데요..."

"우린 지금 어떻게 해서든 살아남아야 해. 이걸로 며칠이라도 더 버텨야, 그래야 다음 기회가 생길 수 있어."

김 실장은 더 말없이 고개를 끄덕였다.

"알겠습니다. 당장 싸게라도 팔 수 있는 곳을 알아보겠습니다."

김 실장은 고개를 끄덕였다. 그가 나가고 난 후, 이병철은 천천히 책상에 놓인 손거울을 집어 들었다. 거울 속엔 이병철의 얼굴이 비쳐 있었다. 그러나 그는 아직도 자신의 얼굴이 낯설었다. 그 얼굴에는 수심이 가득했다.

"이병철로 살아간다는 건..."

그는 거울을 내려놓고 자리에서 일어났다. 창 밖에선 아직도 빗물이 하염없이 쏟아지고 있었다. 하지만 그의 머릿속에서는 미래의 지식과 경험을 바탕으로 한 S물산을 살릴 계획이 서서히 가득 차고 있었다. 그 계획들은 현재로선 절망 속에서 피어나는 단 하나의 희망이었다.

이병철은 깊게 숨을 내쉬었다. 며칠째 밤잠을 설쳤다. 사무실 창
밖에는 1951년 겨울 끝자락의 바람이 매섭게 불어닥쳤다. 한강
이남으로 피란 내려온 상인들은 각자 살아남기 위해 동분서주하
고 있었지만, 대부분의 기업은 이미 숨을 제대로 쉬지 못하고 있
었다. 전쟁은 끝날 기미가 없었고, 물류는 마비된 지 오래였다.
이병철은 결단을 내렸다.
"이젠 어쩔 수 없다. S물산의 주요 자산을 담보로 추가 대출을 받
도록 하자."
사무실 안은 얼어붙은 듯 고요했다. 잠시 후 김 실장이 고개를 들
었다. 얼굴에는 피로와 두려움이 동시에 묻어 있었다.
"사장님, 만약 이번에도 실패하면⋯ 우린 정말 모든 걸 잃게 됩니
다. 이제 남은 담보도 거의 없습니다."
이병철은 담배를 꺼내 불을 붙였다. 희미한 연기가 천천히 공기
를 가르며 퍼졌다. 그의 눈빛은 흔들리지 않았다.
"가만히 있다가는 더 빨리 무너진다. 지금 필요한 건 현금 유동
성이다. 위험을 감수하지 않으면 더 이상의 기회도 없어."
그날 이후 이병철은 직접 길거리에 나섰다. 고급 양복 대신 먼지
묻은 외투를 걸치고, 손수 화물 트럭에 올라탔다. 경남 마산과 부
산을 오가며 살아남은 상인들을 직접 만났다. 그는 자신이 쌓아
올린 체면을 내려놓고, 설탕과 면직물 더미 앞에서 거래를 제안
했다.
"이 물건들, 싸게 넘기겠습니다. 대신 현금으로만 받아야 합니다."

그러나 상인들은 전쟁통에도 흥정을 멈추지 않았다.

"이 사장, 이 가격이면 우리도 위험 부담이 크오. 조금만 더 깎아 주시오."

이병철은 결국 손해를 감수하고 물건을 팔았다. 헐값이었다. 그러나 그것이 회사를 살릴 유일한 길이었다. 트럭 한 대분의 설탕이 나가면, 그만큼의 현금이 다시 회사 금고에 들어왔다. 들어오는 돈으로는 곧장 은행 빚 일부를 변제하며, 다시 신용을 유지했다.

길고 길었던 겨울이 물러나고, 남쪽에는 봄바람이 스쳤다. 부산 항구에는 미군과 유엔군 물자가 조금씩 들어오며 경제활동의 숨통이 트이기 시작했다.

S물산의 사무실에도 오랜만에 활기가 돌았다. 계산대 위에는 현금다발이 놓였고, 직원들의 표정에 약간의 안도감이 스쳤다. 그러나 이병철은 마음을 놓지 않았다.

'아직 위기는 끝나지 않았다. 시장 상황이 조금만 더 나빠지면, 우리는 다시 나락으로 떨어질 수 있다.'

그는 창밖의 푸른 하늘을 올려다보았다. 따뜻한 봄 햇살이 비쳤지만, 마음속에는 여전히 전쟁의 먹구름이 드리워져 있었다.

✳ TimeCosmos Note

1951년 당시 S물산은 지금처럼 거대 재벌이 아니었고, 무역 중심의 중소규모 기업 수준이었다. 주로 설탕, 면직물, 쌀 등 생활필수품의 수입 유통을 담당했으며, 전쟁으로 인해 물류 차단과 외화 확보의 어려움으로 큰 위기에 직면했다.

이병철 회장이 기업 자산을 담보로 대출을 시도한 사례는 실제로 전후 한국 기업들이 자주 선택했던 생존 방식이었다. 은행의 연장 거절 및 신용 미달로 인한 부도 위기는 현실에서도 일상적인 리스크였으며, 기업가들은 '현금화 → 변제 → 신용 복원'의 순환을 반복하며 버텼다.

"상품을 팔지 않으면 쓰레기"라는 재고 판단은 현대 경영에서도 유효하며, 이병철 회장 역시 실제로 단기 손실을 감수한 현금 확보 전략을 취한 바 있다.

✳ 역사적 배경

1951년 한국은 전쟁 한가운데 있었고, 국가 경제는 완전히 마비된 상태였다. 대부분의 기업과 상점은 서울 → 부산으로 피난을 간 상황이며, 기업들은 기초 물자 거래, 외화 환전, 은행과의 협상을 통해 근근이 연명했다.

정부는 당시 국제원조(미국의 ECA 프로그램)를 통해 긴급 물자를 유입시켰으나, 민간기업까지 직접적 지원은 부족했다. 이로 인해 사기업의 생존은 전적으로 대표자의 능력과 시장 유동성 확보에 달려 있었다.

✲✲ 회귀적 통찰

1951년이라는 시대는 '절망과 비통의 시대'였다. 그러나 당시 젊은 기업인들이 그 **절망을 버티는 방식은 지식보다 용기, 계산보다 결단이었다.**

사업을 하면서 시련이 없는 사업자는 아마도 없을 것이다. 1950년대의 젊은 이병철 또한 기업 붕괴 위기의 시련을 겪은 후에 더욱 단단해졌다.

전쟁난민처럼 떠돌면서 기업의 명맥을 유지하기 위해 애썼지만, 전쟁으로 당시의 환율 혼란과 물류 마비로 인해 기존의 일본 무역망이 완전히 무너져버렸다.

당시 몇 안 되는 남은 직원들에게 급여를 줄 수 없어 개인자금을 털어 직원들을 챙기려 했고 그 과정에서 가족과의 갈등도 있었다는 일화는 유명하다.

그런 의미에서 윤진혁이 **'버틴다'**는 의미를 단순히 기다림의 의미로 생각해서는 안 될 것이다. **고통을 버티는 힘은 사업하는 사람에게 있어서 마치 훈장과도 같다.** 버티고 버티면 그 또한 사업의 과정으로 인생 역전의 순간으로 반드시 다가온다.

마치 이병철이 그러했던 것처럼...

"고통을 버티는 힘은
사업가의 훈장과도 같다.
끝내 버티면 그것이 곧
인생역전의 순간이 된다."

3장. 신뢰를 증명하고 30년을 얻다

1953년 9월 23일, 서울 종로 대한은행 본점.
잔뜩 찌푸린 하늘 아래, 윤진혁—아니 이병철—은 들고 온 우산
을 잡은 채 은행 건물 앞에 섰다.
은행 정문은 크고 위압적이었다. 석조 계단을 오르며 그는 굳건
한 고난 극복의 의지를 다졌다.
그의 손엔 두꺼운 가죽 서류 가방이 들려 있었다.
그 안에는 최근 수개월간의 거래 내역, 수입 장부, 설탕과 면직물
재고 목록, 앞으로의 사업 계획서, 그리고 그가 직접 쓴 A4 용지
한 장짜리 메모가 들어 있었다.
'신뢰는 보이지 않지만, 내가 지켜야만 하는 유일한 자산이다.'
대한은행 회의실.
대리급 행원이 안내해 준 곳은, 채광이 어두운 구석진 회의실
이었다.
이미 자리를 잡고 앉아 있던 이는 대한은행 중앙지점장 박종선
이었다.
50대 중반, 회색 양복에 검은 뿔테안경을 쓴 그는 서류를 들고
앉아 있었다.
"이병철 사장, 앉으시죠."
이병철은 천천히 자리에 앉았다.

박 지점장은 말을 아꼈다.

한참을 침묵하다, 그는 조용히 입을 열었다.

"저번 1차 대출상환일은 상환을 해 주셔서 잘 넘어갔습니다만 추가 상환은 예정대로 기일 내 상환 계획서를 받지 못해, 우리는 이미 압류 절차를 준비 중에 있습니다."

"알고 있습니다. 그래서 제가 이렇게 직접 찾아뵈러 왔습니다."

이병철은 그 자리에서 가방을 열더니 가장 위에 있던 한 장짜리 메모를 꺼내 박 지점장에게 내밀었다.

박 지점장은 메모를 읽고는 눈썹을 살짝 찡그렸다.

이병철은 곧이어 장부와 자료들을 책상 위에 조심스럽게 펼쳤다.

"이건 지난 6개월간의 재무 상황입니다. 그리고 이건 우리가 현재 보유한 설탕, 면직물, 석탄, 섬유 원단에 대한 재고 현황표입니다. 마지막으로 이건 앞으로 90일간의 현금흐름 예측표입니다."

그는 숨을 고르며 마침내 결심했다는 듯 말을 이었다.

"우린 지금 설탕을 손해 보며 팔고 있습니다.

그 이유는 명확합니다. 당장 현금을 확보해 은행과 거래처, 그리고 직원들에게 우리가 신뢰를 지킬 수 있는 기업임을 보여주기 위해서입니다."

박 지점장은 약간은 흥미롭다는 듯 손가락을 깍지 껴 턱을 괴고 이병철을 잠시 바라봤다.

"많은 회사가 그동안 그렇게 말하곤 하죠."

가져온 서류를 들척이던 박 지점장은 잠시 말을 끊더니 이내 얼굴 표정을 풀며 말한다.

"그런데 사장님은… 이 상황에서도 다른 업체 사장님들처럼 직원 급여를 미루지는 않는군요? 사실 대부분의 업체는 어렵다는 생각이 들면 여지없이 직원들 월급부터 먼저 깎곤 하지요."

이병철은 그 말에 곧바로 대답하지 않았다.

잠시 시선을 창밖에 던졌다가 다시 박 지점장을 향해 고개를 돌렸다.

"돈은 나중에 갚을 수 있습니다. 하지만 신뢰는 한 번 무너지면 다시 얻을 수 없다고 생각합니다. 직원들이 회사를 믿지 못하면, 누구도 이 배를 함께 타고 넓은 세상으로 항해할 수 없을 것입니다."

시간이 흐르고 회의실 안은 다시금 조용해졌다.

생각을 잠시 정리하던 박 지점장은 입을 다문 채, 다시 고민하듯 예의 장부를 한 장 한 장 넘겼다.

그리고 서류 더미 속에서 묵직한 손길로 메모를 꺼내더니 반복해 읽는다.

"…이 사장님은 정말 회사를 살릴 생각이시군요."

박 지점장은 서류를 한참 내려다보다가 고개를 들었다.

시계는 오전 11시 42분을 가리키고 있었다.

두 시간 가까이 이어진 숨 막히는 공방이었다.

창밖의 겨울 햇살은 잿빛 하늘을 간신히 뚫고 들어와, 회의실 바닥 위에 희미한 사각형 그림자를 만들고 있었다.

이병철은 그 그림자 위에 앉아 있는 자신을 느끼고 있었다.

손가락은 차가운 서류철을 움켜쥔 채 굳어 있었고, 등줄기에는 땀이 차올라 있었다.

숨소리가 거칠어지는 순간, 박 지점장이 마침내 천천히 손을 내밀었다.

"알겠습니다. S물산에 30일간 유예를 다시 부여하도록 하겠습니다."

그의 목소리는 낮았지만, 방 안 공기를 가르는 힘이 있었다.

"단, 조건이 있습니다. 그 안에 8만 환 중 절반 이상을 회수해 오셔야 합니다. 그러면 상환 조건을 재조정할 수 있지요. 하지만 이번 결정은 어디까지나 제 개인적인 신뢰에 따른 것입니다. 서류보다, 이 사장님의 진심을 믿어보겠습니다. 이건… 마지막 기회입니다."

순간, 이병철의 눈가가 약간 떨렸다.

그는 자리에서 벌떡 일어나, 두 손으로 박 지점장의 손을 꽉 잡았다.

손바닥의 땀이 서로의 피부에 그대로 전해졌다.

"절대 실망시키지 않겠습니다. 이번 30일 동안, 반드시… S물산의 심장을 다시 뛰게 만들겠습니다."

말을 끝낸 이병철은 깊게 허리를 숙였다.

그 순간 그의 가슴속에서는 뜨거운 무언가가 솟아오르고 있었다.

공허했던 가슴 한편이, 오랜만에 불길처럼 달아오르는 느낌이었다.

은행 건물을 나서자, 종로 거리에는 여전히 잿빛 하늘이 드리워져 있었다.

그러나 멀리서 한 줄기 햇빛이 비구름을 비집고 나와, 그의 어깨를 살짝 비추었다.

겨울바람은 여전히 매서웠지만, 이병철의 코트 안쪽은 벌써 땀으로 젖어 있었다.

차량의 경적, 인력거꾼의 고함, 먼지 섞인 바람 소리.

전쟁으로 얼룩진 서울이었지만, 그 거리 위에서 그는 희미한 생명력을 느꼈다.

멀리 광화문 언저리로 이어진 산자락이 겨울 햇살 속에서 희미하게 드러났다.

그는 코트를 여미며 발걸음을 힘차게 내디뎠다.

'단 30일.

이 시간을 어떻게 쓰느냐에 따라, S물산의 운명은 물론… 앞으로 30년의 내 미래가 달라진다.'

그의 눈빛에는 더 이상 흔들림이 없었다.

광화문 거리를 내딛는 그의 그림자는, 이전보다 훨씬 길고 단단해 보였다.

⁑ TimeCosmos Note

이병철과 대한은행(또는 서울은행)과의 관계는 S물산 창업 초기 실제로 있었던 일화와 유사하다. 한국전쟁 직후, 이병철은 S물산을 살리기 위한 대출 연장 협상을 위해 주요 시중은행과 지속적으로 접촉했고, 실제로도 '신뢰'를 강조하며 은행 담당자들을 설득했다는 회고가 있다.

"직원 급여를 미루지 않는다"는 자세는 이병철 회장의 실제 경영 철학과도 부합한다. 그는 실제로 직원에 대한 책임감을 매우 강조했으며, 조직의 단합을 위해 재정이 어려워도 급여만큼은 우선 처리했다는 증언들도 있다.

본 장에 나오는 사업 계획서, 재고 현황, 현금 흐름표는 당시로선 드물지만, **이병철은 실제로 일본과 미국의 선진 경영방식을 연구하며 이를 도입하려 한 인물이었다.**

⁑ 역사적 배경

1951년 말, 서울은 1.4 후퇴 이후 되찾긴 했지만 여전히 전시하에 있었다. 종로 일대의 은행들은 복구 중이었고, 전후 경제는 정부의 외자 도입과 민간 기업의 자체 회복 노력에 의존하고 있었다.

당시 은행들은 대출 심사에 매우 엄격했으며, '신용'보다는 담보 자산에 더 집중하는 구조였다. 따라서 기업 대표 개인의 명망과 성실성이 중요한 평가 기준으로 작용하는 경우가 많았다.

전시 상황이었기에 기업 회생은 단순히 돈의 문제가 아니라 '이 기업이 다시 일어설 수 있겠는가'에 대한 주관적 판단에 좌우되곤 했다. 이는 지금과 달리 객관적 '수치'보다 '인물'이 중요했던 시대적 특성이라 할 수 있다.

⁂ 회귀적 통찰

미래에서 온 윤진혁(이병철)은 현대 경영의 기본 도구, 즉 보고서, 계획서, 재무 예측 등을 1950년대에 적용함으로써, 시대를 앞서는 경영을 실현하고 있다. 이는 당시 이병철의 열린 세계관을 그대로 계승한 것으로 S기업의 체계적인 DNA를 그대로 따른 것이라 할 수 있고, 현시대의 S맨이라는 호칭이 붙게 되는 근본적인 이유가 된 것이다.

따라서 기업의 색깔은 막연히 만들어지는 것이 아니라 이병철처럼 창업주의 세계관과 지속적인 노력, 직원들에 대한 애정에 기인한 것이라 봐야 할 것이다.

"기업의 색깔은 우연이 아니다.
창업주의 세계관과 끊임없는 노력,
그리고 사람에 대한 애정이 빚어낸 결과다."

4장. 불신을 넘어서 감동을 주다

1953년 10월 23일 오후, S물산 본사.

이병철이 사무실로 돌아왔을 때, 임원 회의는 이미 시작되고 있었다.

서기 김 실장이 사무용 장부를 앞에 두고 메모를 하고 있었고, 부장급 임원 셋이 묵직한 표정으로 탁자에 팔을 걸치고 있었다.

문이 열리자 모두가 고개를 돌렸다.

"사장님, 결과는…?"

이병철은 말없이 가방에서 문서 한 장을 꺼내 회의 테이블 위에 펼쳐 놓았다.

서류 맨 위에는 이렇게 적혀 있었다.

S물산 유예 요청 승인서 – 30일 한정
조건부 연장. 중간 점검 포함.

임원들의 표정이 일시에 밝게 번했다.

놀라움, 안도, 그리고 어딘가 모를 불안함이 섞인 감정들이 눈빛 사이로 엇갈렸다.

이병철은 고개를 끄덕이며 자리에 앉았다.

"단 30일입니다. 그 안에 설반 이상을 깊아야만 은행과의 신뢰가 유지됩니다. 하지만, 그만큼의 가능성도 열렸습니다."

회의는 곧 전략 수립으로 넘어갔다.

그러나 이병철이 대출 유예를 받아낸 것과는 별개로, S전자 내부의 분위기는 그리 썩 좋지 않았다.

재무이사 이규범이 말을 꺼냈다.

"사장님, 유예는 불행 중 다행인 일입니다만… 이건 마치 죽어 가는 나무의 연명 치료와 같습니다. 우린 여전히 하루하루 적자를 기록 중입니다. 지금 급매로 버티는 방식으론 30일 뒤에도 똑같은 위기가 올 뿐입니다."

이병철이 차분하게 맞받았다.

"재무이사의 말은, 장기적인 회생 전략이 필요하다는 것이겠죠?"

"저 역시 장기적인 회생 전략이 필요하다는 사장님의 의견에는 동의합니다. 하지만 우리가 그 장기전을 치르려면 우선 지금 당장 살아 있어야 합니다. 하지만 현장 직원들 사이에선 이미 불신이 퍼지고 있습니다. '회사가 다음 달엔 망한다더라', '급여는 다음 달부터 없을 거다'라는 소문이 바닥부터 기어 올라오고 있습니다."

이병철은 잠시 말을 멈췄다. 그의 눈빛이 테이블 위 장부에서, 하나둘 임원들의 얼굴로 옮겨졌다.

"그럼… 그들을 직접 믿게 만들면 됩니다. 이참에 직원들을 전부 모이게 하세요. 제가 직접 직원들을 설득해 보겠습니다."

신뢰 회복을 위한 첫걸음.

그날 오후, 이병철은 전 직원 회의를 소집했다.

S물산 서울 본사에는 전쟁 후 20여 명의 직원들만 남아 있었고,

일부 공장과 거래처는 인천과 대구에 남아 있었다.

지하 강당으로 쓰이는 콘크리트 방엔 냉기와 긴장감이 감돌았다.

가장 앞줄에는 연식이 높은 창고 관리자들과 여직원들이 앉아 있었고, 뒤편에는 현장 기사들이 팔짱을 낀 채 서 있었다.

이병철은 연단 위에 서서 마이크도 없이 육성으로 입을 열었다.

"여러분, 저는 오늘 유감스럽게도 은행에서 단 30일간의 유예 시간만 얻어 왔습니다."

그러자 기대감과 당혹스러운 웅성거림이 강당을 스쳤다.

"그 말인즉슨, 30일 안에 우리가 변화하지 못하면 이 회사는 더 이상 존재하지 못한다는 뜻이기도 합니다. 불행한 이야기지만 이 지난한 시기에 여러분의 월급도, 책상도, 지금의 동료도 30일 후에는 완전히 사라질 수 있다는 이야기입니다."

그는 숨을 고르고 계속 말을 이었다.

"그런데도 제가 이 자리에 선 이유는 단 하나뿐입니다. 여러분을 진정으로 믿기 때문입니다. S전자를 만든 건 자금도, 빌딩도, 회장도 아닙니다. 바로 전쟁 후에도 다른 곳으로 떠나지 않고 이곳에 있는 여러분의 S물산을 향한 끈끈한 애사심이 현재의 S물산을 버티게 하고 있다고 생각하기 때문입니다."

그의 말투는 단호했고, 눈빛은 흔들림이 없었다.

누군가는 천천히 고개를 들었고, 누군가는 입술을 깨물며 계속 듣고 있었다.

"앞으로 30일, 고난 극복의 기간 동안, 저는 누구보다 먼저 사무실에 들어오고, 누구보다 늦게 퇴근할 것입니다. 현장에 나가 함께 짐을 나르고, 거래처 앞에서 식섭 머리를 조아릴 것입니다."

그는 연단에서 한 발 앞으로 나오더니 천천히 고개를 숙이고 무릎을 꿇었다.

"그러니… 저와 함께 폐허의 시대를 견뎌 주십시오. 이 회사를 지켜낼 수 있다면, 그것이 우리가 다시 '미래의 S물산'을 이야기할 수 있는 첫걸음이 될 것입니다."

이병철 사장이 느닷없이 무릎을 꿇자 직원들은 놀라움의 얼굴로 서로를 쳐다보았다.

그때, 강당 뒤편에서 누군가가 두 손을 들고 커다란 박수를 쳤다.

박진호 영업부장이었다.

이내 직원들도 어리둥절하다가 한두 명의 박수소리가 이제는 강당에 연이어 울려 퍼졌다.

짝, 짝, 짝…

점점 더 커지는 박수 소리.

몇몇 여직원들은 조용히 눈물을 훔치는 것도 보였다.

이병철은 직원들의 박수에 용기를 얻으며 연단을 천천히 내려와 직원들 모두에게 악수를 나누며 차례대로 격려하였다.

✲ TimeCosmos Note

이 장의 임원 회의 분위기, 재무이사의 현실적 지적, 노무부장의 내부 민심 보고는 1950년대 기업 경영 현장의 실제 분위기라 할 수 있다.

이병철 회장이 전 직원 앞에서 직접 연설을 하고, 동참을 호소한 장면은 픽션이지만, 실제로 그는 S전자의 초기 위기 시절에도 직원들과 직접 대화하며 동기 부여를 시도했던 경영자로 많이 알려져 있다.

'30일 유예'라는 조건을 놓고 내부 불신을 반전시키는 장면은, 회복기 기업들에서 자주 일어나는 신뢰 회복의 전형적 과정과도 일치한다.

박진호 영업부장처럼 직원들이 자발적으로 반응하고 변화의 흐름을 만드는 장면은 실제 경영사례에서도 위기 극복의 전환점으로 자주 등장한다.

✲ 역사적 배경

1953년 10월, 당시의 한국은 모든 것이 무너진 상태였으나 수도권 일부 기업들은 서울로 복귀를 시작하고 있었고, 상업 활동도 서서히 재개되던 시기였다.

대다수의 기업들은 전쟁으로 인해 매출 급감, 유동성 위기, 내부 동요를 겪고 있었고, 사내 임직원들 간의 불신과 불안이 일상적이었다.

회사가 망하면 단지 '실직'이 아니라, 그 가족 전체의 생존이 위협받는 시기였기에, 직원들에게 안정과 신뢰를 전달하는 경영자의 커뮤니케이션 능력은 기업 존속에 결정적이었다.

✲ 회귀적 통찰

윤진혁(이병철)은 이 시점에서 단순한 회귀자가 아닌, 시대적 리더로서 각성의 순간을 맞이한다. 지금까지의 전략이 지식과 분석에 기댔다면, 이제는 사람을 이끄는 리더십에 대한 이해가 더해진다.

1950년대의 시대적 배경을 글로만 배웠던 그로서는 실제의 고난 극복을 위해서는 과거의 인물보다 더한 절실한 마음과 행동이 중요하다는 것을 깨닫는다. '30일의 기한'을 직원들에게 제시한 것은 단순한 생존 마지노선이 아니라, 현대적 조직 문화의 씨앗을 심는 시간이 된다. 윤진혁으로서는 미래적 리더십을 과거에 이식해 조직 문화를 선도하고자 하는 의도로 30일 기한 설정을 직원들에게도 일부러 알린 것이다.

이러한 **심리적 기한 설정**은 개인 또는 단체의 자기암시적 기법으로서 고난 또는 문제점 해결의 중요한 심리적 해결책으로도 작용할 수 있을 것이다.

"기한을 정하는 순간, 조직은 스스로를 단련하기
시작한다."

5장. 기회와 진심 사이

1954년 10월 24일, 새벽 4시 50분. 새벽 5시 30분.

창밖은 아직 어두웠다. 한밤중의 전조등 같은 희미한 회색 불빛이 서울 거리 위에 가라앉아 있었다.

S물산 본사 2층, 작은 사무실 안. 비장한 표정의 이병철은 두툼한 외투를 걸치고 서류 가방을 들었다.

"김 실장, 준비됐나?"

잠이 덜 깬 듯한 김 실장이 모락모락 김이 피어오르는 커피를 들고 고개를 끄덕였다.

"예, 사장님. 인천 수협 담당자 일정 확인했고, 오전 9시 반 회의 잡혀 있습니다."

"그래, 이번 기회에 우리 S물산도 아직 두 눈 멀쩡히 뜨고 있다는 것을 알려 보자구."

인천항 근처,

1950년대의 항만은 포성이 지나간 잔해로 아직 복구 중이었다.

깨진 컨테이너, 휑한 창고들, 그리고 무거운 안개 속에서 미군 군수품을 기다리는 트럭들이 시꺼먼 매연을 뿜으며 길게 줄지어 서 있었다.

이병철이 탄 낡은 트럭이 털털거리며 항만 근처 수협 조합 앞에 도착했다.

차에서 내린 이병철은 먼지가 앉은 회색 양복을 털어 내며 건물 안으로 향했다.

회색빛 사무실 안, 그는 협동 조합장 박태언과 단독으로 마주했다.

박 조합장은 고개를 갸웃거리며 말했다.

"이 사장님, 그간 신세 많이 졌지요. 근데… 요즘 전쟁 때문인지 S물산도 소문이 말이 아닙디다."

"무슨... 소문을 들으신 거라도?"

"S전자가 다음 달을 못 넘길 거라는 소문 말이외다. 아무리 난리통이라지만 그런 회사와 거래하자니 조합원들한테 어떻게 설명을 하면 좋겠소?"

이병철은 이미 알고 있었다는 듯 짧게 숨을 들이켠 채 고개를 끄덕였다.

그는 기다렸다는 듯 계약서가 담긴 서류를 천천히 꺼내며 비장하게 말했다.

"조합장님, 단도직입적으로 말씀드려 지금 당장 계약금의 30%를 선입금 먼저 하겠습니다.

물건 납품은 7일 내 완료. 품질도 제대로 보장합니다. 그리고 우리가 아무리 흔들린다 해도… 이 계약은 반드시 제가 지키겠습니다."

박 조합장은 의아한 얼굴로 물었다.

"이 사장, 흔들리는 회사에서 하는 그 말을 어떻게 보장합니까?"

"제가 보장합니다. 아니 그 책임은 제가 직접 지겠습니다. 만약 이 계약이 무너지면, 저도 사장 자리에서 즉각 물러나겠습니다."

이병철의 충격적인 말에 회의실은 잠시 동안 정적에 잠겼다.

박 조합장은 조용히 신음소리를 내더니, 천천히 서류를 들여다보며 말했다.

"음.. 7일 안에 완납에… 게다가 선금도 30%라….'

그는 한참 동안을 숫자로 싸우더니 고개를 끄덕이며 입을 열었다.

"좋소. 개인적으로 신세진 거 같는 김에 한번 이 사장을 믿어보지요. 대신, 이건 나 박태언 개인뿐만 아니라 우리 조합원들 모두가 보는 계약입니다. 그리고 이 사장이 약속을 어기면, 그 손해는 이 사장이 끝나는 걸로 매듭짓지 않을 겁니다. 우린 미안한 이야기지만 S물산에 지금의 배로 받아낼 거라는 걸 아셔야 합니다."

이 말은 약속을 지키지 않으면 S물산을 압류 경매 하겠다는 말이나 다름없었다.

그럼에도 이병철은 자리에서 벌떡 일어나 고개를 숙였다.

"그 믿음, 실망시키지 않겠습니다. 반드시 약속을 지키겠습니다."

이병철은 건물 밖으로 나가며 기다리고 있던 김 실장에게 던지듯 말했다.

"내일 바로 계약 금액의 30%를 먼저 입금받는다. 이제 이 돈으로 밀린 대금과 직원 급여의 절반을 먼저 지급할 수 있게 됐어."

"정말로… 계약이 성사된 겁니까?"

"단순히 성사된 정도가 아니야."

그의 눈엔 처음으로 미소가 떠올랐다.

"우리는 이제부터 대금과 급여의 나머지 절반으로 **살아 있다는 신호를 시장에 본격적으로 던질 거야. 그렇게 되면 시장은**

그전보다 유연해져 우리에게 훨씬 더 우호적으로 바뀔 수 있을 거야."

김 실장은 고개를 끄덕였다.

"내일 회계팀에 바로 연락하겠습니다. 현금 흐름 조정해서 가장 급한 거래처부터 갚고 회사의 회생 방안을 찾아보도록 하겠습니다."

"좋아. 그리고 그 계약서를 복사해서 종로랑 을지로 거래처에도 전달해.

이제부터 S물산이 서울종로에서 생생하게 살아 있다는 걸 알려야 하니까 말이야."

다음 날 아침.

S물산 본사 사무실의 분위기가 달라졌다. 기획부 오상필이 아침 일찍 출근해 있었고 카펫 먼지를 털고 있던 여직원들이 그에게 먼저 인사를 건넸다. 평소에 늦던 경리과 직원들도 일찍 도착해 자리에 하나둘 앉아 미소를 띠고 있었다.

이병철이 들어서자, 그를 향해 밝게 인사하는 목소리가 하나둘씩 퍼졌다.

"사장님, 인천 수협 계약서 거래처에서 직접 확인했습니다."

"입금 예정일 서류까지 선날 받아 회계팀에 넘겼습니다."

"구룡상회에서도 다음 주부터 자재 주문을 하겠다고 아침부터 연락이 왔습니다."

그는 고개를 끄덕였다.

끝나지 않은 싸움.

그러나 그는 알고 있었다. 인천 수협 하나로 위기를 극복하긴 어렵다는 걸.

서울, 대구, 그리고 일본 오사카…

S물산을 되살릴 불씨는 아직도 외부에 있었다. 그는 다시 서류 가방을 집어 들었다.

"김 실장, 오늘은 대구로 간다. 내가 직접 갈 터이니 준비해."

⚝ TimeCosmos Note

OO수협(수산업협동조합)은 실제로 1950년대 초부터 존재했고, 국가 주도의 산업 복구 사업에서 중요한 물류 유통 주체였다. S물산이 식료품 및 생필품을 다루던 무역 상사였다는 점을 감안하면, 수협과의 계약은 매우 현실적인 내용이다. 실제 이병철 회장도 군납, 관급 계약, 조합 납품 등을 통해 위기를 타개한 적이 있다.

"계약금 30% 선입금, 7일 내 납품, 품질 보증"이라는 조건은 당시 기업들이 자금 유동성을 확보하기 위해 시도하던 대표적 거래 방식이었다.

윤진혁이 계약 성사 후 직원 급여 일부를 지급하고, 계약 사실을 타 거래처에 알리는 전략은 오늘날의 레퍼런스 마케팅 및 시장 신뢰 회복 전략과 일치한다.

⚝ 역사적 배경

1950년대 인천항은 전쟁으로 폐허가 된 상태에서 군수 물자와 민간 상업 물자, 임시 판잣집과 천막촌, 군용 텐트가 혼재된 혼란의 항만이었다. 하지만 점차 미군 및 유엔 물자 공급을 통해 민간 유통 기반이 회복되기 시작하던 시기다.

당시 많은 기업들이 지방 협동 조합, 지방 은행, 국책 은행, 미군 PX 등과의 거래를 통해 유통망을 되살리려 했고, 계약 한 건이 기업 생존의 분수령이 되곤 했다.

✲✲ 회귀적 통찰

사업의 기본은 현실 관계에 대한 정확한 판단이다. '갑'을 어떻게 다뤄야 효과적인지 윤진혁은 누구보다도 잘 알고 있다. 사실 '갑'을 다루는 것은 그리 어렵지 않다. 왜냐하면 **'갑'이라는 존재 자체가 '대접'이라는 속성에서 벗어나지 못하기 때문이다.** 윤진혁 또한 '갑'의 존재를 '을'이라는 위치에서 적절히 '대접'하고 있으며 '기브 앤 테이크'라는 공식에서 상호 이해를 통해야만 이익을 관철할 수 있다는 것을 매우 잘 알고 있다.

"사업은 관계의 정확한 판단에서 시작된다.
'갑'을 다루는 지혜는
결국 상호 존중에서 나온다."

6장. 동쪽의 문을 열고, 대구 시장을 뚫다

1954년 10월 29일, 새벽 4시 50분.

기차는 서늘한 대구역에 도착했다. 검은 증기와 함께 구형 디젤 기관차가 끼익 비명소리를 내며 플랫폼에 멈춰섰다.

어스름 속에서 붉은 가로등이 아직 역사를 비추고 있고, 피난민들이 어깨를 부딪치며 잠자리에서 서서히 깨어난다.

이병철은 플랫폼에 내려 코트를 잠시 여몄다. 옆에는 김 실장이 여행 가방을 힘겹게 끌고 있었다.

"사장님, 대구 섬유 조합 쪽도 아직은 분위기가 좋지 않다고 합니다.

지난번 미수금 때문에… 몇몇 간부들은 아예 S물산과의 거래 자체를 거부한다고 합니다."

이병철은 묵묵히 걸음을 옮겼다.

"그럴수록 직접 만나야지.

지금 우릴 반기는 사람은 별로 없겠지만, 그래도 우릴 필요로 하는 사람은 있을 거야."

이병철은 이러한 일련의 과정과 시련은 이미 예상한 바였다. 중요한 건 시련을 받아들일 줄 아는 용기였다. 철저하게 현장의 상황을 파악해 해결책을 모색하는 것은 경영인의 기본 자세였다.

대구 섬유 조합 회의실.

대구 시내 중심가, 섬유 조합 건물은 나무 계단이 덜컥거리는 오래된 2층 건물이었다.

삼베 원단이 천장까지 쌓인 창고를 지나 안으로 들어서자, 좁은 회의실에 다섯 명의 조합 간부들이 어두운 표정으로 앉아 있었다.

중앙엔 조합장이자 창립 회원인 장진호.

덩치가 크고 목소리가 단단한, 전형적인 지역 상권의 중심 인물이었다.

이병철이 인사하며 앉자마자 장진호는 문서를 책상에 탁 내려놓았다.

"이병철 사장, 우린 지난 3개월간 S모직과의 거래 대금 1만 2천 환을 못 받았습니다. 그동안 전화도 없었고, 사과도 없었소. 아무리 전쟁 후라고 하지만 업계 상도의라는 것이 있는 것 아니겠소."

자회사인 S모직은 대구에 창업한 지 불과 몇 개월 안되었기에 이병철이 곧장 고개를 숙였다.

"그 부분은 명백한 저희 실책입니다. 전쟁 중 물류망이 끊기며 모든 거래처에 손해가 생겼습니다. 하지만 오늘 제가 직접 찾아온 이유는, 그 미수금을 회피하기 위해서가 아니라, 갚기 위해서 왔습니다."

장진호는 웃음을 흘렸다.

"갚으러 오셨다? S모직에 지금 돈이 어디에 있습니까? 서울에선 S물산 직원늘이 자기 월급도 못 받는단 소문이 자자하던데."

이병철은 준비해온 계약서를 활짝 펼쳐 보이며 자신 있게 말했다.

"그래서 보다시피 인천 수협과의 계약을 성사시켰습니다. 이미 현금이 유입되기 시작했고, 그 자금 중 일부를 대구 거래처의 미수금 정산에 사용하려고 이렇게 온 것입니다."

그러나 조합원 중 하나가 비웃는 표정으로 끼어들었다.

"사장님, 그 말은 서울에서만 통하겠지요. 저희는 눈에 보이는 게 없으면 아무것도 안 믿습니다. 여긴 대구입니다. 대구."

또 다른 조합원은 팔짱을 낀 채 심드렁하게 말했다.

"사장님, 그럼 우리 조합이 납품 계약을 해줬는데 이번에도 돈을 못 보내시면 어쩌시려고요? 저번처럼 하시면 우리만 또 손해 봅니다."

이병철은 날 선 그들을 보며 잠시 침묵하며 냉정을 유지하려 했다.

창밖에서는 장날을 맞아 수레를 끄는 상인들의 고함소리가 유난히 크게 들려왔다.

그는 조용히 일어섰다.

"좋습니다. 그럼 이렇게 하면 되겠습니까."

그는 자신의 가방에서 준비해온 어음 증서를 꺼내며 책상 위에 쿵 하고 힘차게 내려놓았다.

"이건 제 개인 명의로 발행한 1만 환 어음입니다. 오늘 계약이 성사되지 않더라도, 지난 미수금 중 절반을 직접 상환하겠습니다. 그 후, 계약이 이행되면 잔금과 납품 대금을 전액 지급하겠습니다."

회의실은 잠시 조용해졌다. 현재로서는 파격적인 제안일 것이다.

돈이 있어도 함부로 풀 수 없는 시대. 게다가 본인 개인 명의
의 어음을 건다는 것은 일반적인 사람이라면 상상도 못하는 행
위였다.

장진호가 조용히 물었다.

"그, 그럼… 당신 개인 명의의 어음을 걸고 이 계약을 맺자는 겁
니까?"

이병철은 고개를 끄덕였다.

"지금은 S모직이라는 이름보다, 제 이름 하나가 더 중요하다고
생각해서 내린 결정입니다."

그 말에 장진호는 천천히 자리에서 일어났다.

그는 잠시 생각하더니 고개를 끄덕이며 이내 만족의 미소를 지으
며 손을 내밀었다.

"좋소. 우리 함 믿고 갑시다. 다들 보세요. 이 사장이 이렇게 자신
있게 말하는데 우리 대구 사람도 어느 정도 이 사장의 정성에 부
응을 해야 하지 않겠습니까?

단, 약속을 어기면, 앞으로 대구에선 S전자 이름 다시는 꺼내지
마시구요."

이병철은 손을 맞잡았다.

"결코 그럴 일은 없을 겁니다."

그날 오후, 조합과의 새 계약이 체결되었고,

S물산은 대구 지역에서 다시 첫 주문을 확보했다.

서울로 돌아가는 열차 안, 김 실장이 피곤에 지친 얼굴로 물었다.

"사장님, 정말… 이렇게까지 하셔도 괜찮으십니까? 사장님 개인
어음까시…"

이병철은 조용히 창밖을 바라보며 답했다.

"사람이 살아야 회사도 살고, 회사가 살아야 나라가 살고. 그게 내가 알고 있는 미래야, 김 실장."

멀리서 어스름한 가을 해가 산등성이 너머로 기울고 있었다. 기차는 다시 서울로, 그리고 S물산의 내일로 달리고 있었다.

⁂ TimeCosmos Note

대구는 실제로 1950년대 S물산의 사업 기반 중 하나였으며, 이병철 회장은 이곳 섬유 상권을 중심으로 면직물 유통 및 섬유무역 사업을 확장했다.

섬유조합과의 관계, 미수금 처리 문제, 지역 상권의 불신 등은 당시 한국 기업들이 자주 마주한 현실이다. "서울 본사와 지방 상권 간의 신뢰 격차" 역시 실제로 존재했던 경영 이슈다.

개인 명의 어음 발행은 1950~60년대 한국 중소기업 대표들이 자주 선택했던 고위험 고책임의 신뢰 전략으로, 이병철 회장도 종종 개인 보증을 통해 회사를 살려냈던 것으로 알려져 있다.

⁂ 역사적 배경

1954년의 대구는 한국전쟁 피난지 중 하나로, 상대적으로 안정된 지역이었으며 섬유 산업의 중심지로 급부상하고 있었다. 이후 실제로 대구는 S물산의 섬유 유통 및 가공 기반이 되었다.

전쟁 이후 상권 복구 초기에는 현금 거래보다 어음, 물물교환, 신용거래가 일반적이었다. 이 때문에 개인 보증이나 조합 기반의 신용 협약이 광범위하게 활용되었고, 대표의 신용=기업의 생존력으로 여겨졌다.

대구 지방 상권의 '눈에 보이는 것 없이는 안 믿는다'는 정서는 그 시대 거래 문화의 실상을 반영하며, 은행보다 지역 조합이나 연줄을 더 신뢰하는 구조였다.

✻ 회귀적 통찰

이 장은 단순한 회귀자의 '정보력'이 아니라 '신뢰'의 회복이 미래를 만든다는 주제를 강조한다.

윤진혁(이병철)은 더 이상 미래 정보만을 앞세우지 않는다. 그는 "미래의 S그룹"을 만들기 위해 현재의 불신을 직접 마주하고, 자신을 담보로 삼는다. **"사람이 살아야 회사도 살고, 회사가 살아야 나라가 산다"**는 말은, 시대 통찰과 공동체적 비전이 융합된 핵심 메시지다. 윤진혁의 시야는 단순히 회사를 살리는 것에서 벗어나 국가적 재건과 연결된 사명으로 확장되고 있다.

이 장을 통해 윤진혁은 '회사의 리더'를 넘어 시대의 리더로 거듭나는 전환점을 맞는다. 단순히 생존을 위한 움직임이 아닌, 대한민국 산업사에 씨앗을 심는 시작이기 때문이다.

"진정한 리더는 회사를 살리는 데서 멈추지 않는다. 그는 시대를 살리고 나라를 일으킨다."

7장. S전자의 봄을 보다

1954년 11월 22일.

서울 종로, S물산 본사.

아직 이른 아침인데도, 거리는 이미 살아 움직이고 있었다. 겨울
이 깊어 해가 늦게 떠올랐지만, 골목마다 연탄 냄새가 묵직하게
깔려 있었다. 어제까지 내린 가을비가 살짝 얼어붙은 골목은 미
끄러웠고, 상점 셔터를 올리는 소리와 멀리서 들려오는 인력거꾼
의 고함이 뒤섞였다.

하지만 오늘만큼은 사무실에 스민 공기부터 달랐다.

긴장과 희망이 묘하게 섞인 공기.

책상 위에는 연필이 덜컥거리며 굴러다녔고, 전화벨 소리가 평소
보다 더 날카롭게 울렸다.

김 실장은 새벽같이 출근해 있었다.

금고를 열고 거래 내역서를 한 장 한 장 확인하는 그의 손끝은 아
직 얼어 있었다. 차가운 쇳덩이 금고에 손을 넣을 때마다 한기마
저 올라왔다.

잠시 후, 사무실 문이 급히 열리며 회계팀장 송지연이 숨을 헐떡
이며 들어왔다.

"김 실장님!"

그녀의 목소리는 가쁜 숨과 함께 터져 나왔다.

"인천 수협 입금 확인됐습니다! 전체 납품 금액의 70%가 오늘 오전 중 본 계좌로 정산 완료된답니다!"

순간, 김 실장의 손이 허공에서 멈췄다.

눈꺼풀이 천천히 올라가며 송지연을 바라봤다.

말없이 창밖으로 시선을 옮기자, 겨울 햇빛이 희미하게 창틀을 타고 사무실 바닥 위로 번졌다.

그 순간, 회장실 문이 열리며 이병철이 걸어 나왔다.

회색 울 코트에 손을 넣은 그의 얼굴에는 밤새 잠을 설친 흔적이 남아 있었지만, 눈빛만은 예리하게 빛났다.

"확인됐나?"

"예, 회장님. 이걸로 우리 총 유입 현금 보유액이… 6만 4천 환입니다."

이병철의 눈썹이 미세하게 떨렸다.

은행이 약속한 8만 환 중 80%에 가까운 금액이 이미 회수된 것이다.

사무실 공기는 갑자기 활기를 띠었다.

전화기를 붙잡은 직원들은 거래처를 설득하며 목소리에 힘을 줬고, 창고 관리자와 통화하는 직원의 손은 재고표를 빠르게 수정하고 있었다.

재단사가 가져온 손으로 쓴 장부에는 빨간색 잉크로 숫자가 새로 찍혀 나갔다.

정오 무렵, 회계부 벽면의 커다란 흑칠판에 그날의 수입과 지출이 적혔다.

칠판 가루가 공중에서 흩날리며 겨울 햇빛을 받았다.

총 수입: 64,200환
총 지출: 58,800환
차액: +5,400환

직원들은 한동안 말을 잃었다.
처음으로, 그 칠판에 굵은 글씨로 '흑자'라는 단어가 기록된
것이다.
김 실장은 목구멍 깊은 곳에서 올라오는 뜨거운 무언가를 삼켰다.

11월 24일, 대한은행 본점.
은행 로비는 대리석 바닥에 구두 소리가 맑게 울렸다.
박종선 지점장은 이병철과 마주 앉아, 서류를 한 장씩 천천히 넘
기고 있었다.
종이 부딪히는 소리와 벽시계의 똑딱거림만이 방 안을 채웠다.
마지막 장을 덮은 박 지점장은 잠시 눈을 감더니 미소를 지었다.
"이병철 사장님… 지난 30일간, 모든 약속을 지켜내셨군요. 심지
어 예상보다 3일이나 빨랐습니다."
"예. 그게 저희가 드릴 수 있는 최소한의 신뢰라고 생각했습
니다."
이병철의 목소리는 낮지만 단단했다.
박 지점장은 자리에서 몸을 조금 앞으로 숙이며 말했다.
"S물산은 단순히 돈을 만든 게 아닙니다. 조직을 다시 살렸습니
다. 이건 숫자 이상의 성취예요."
그는 두 손을 천천히 내밀었다.

"30일간의 유예… 정말 잘 마무리하셨습니다. 지난번 섭섭하게 굴었던 건 진심으로 사과드립니다. 이제부터 우리도 S물산과 장기적 신용거래를 다시 열 준비가 돼 있습니다. 준비되셨습니까?"
이병철은 두 손으로 그 손을 감싸 쥐었다.
"감사합니다. 이 도움은, 제 인생에서도 가장 값진 순간으로 기억될 겁니다."

그날 오후, S물산 본사 계단 위에 작은 변화가 생겼다.
총무부 여직원이 집에서 가져온 흰 국화 화분 하나를 올려놓은 것이다.
차가운 초겨울 공기 속에서도 국화는 마치 봄처럼 깨끗하게 피어 있었다.
"이 꽃이, 이번 겨울에도 회사에서 이렇게 활짝 피게 될 줄은 정말 몰랐어요."
여직원의 말에 김 실장이 조용히 고개를 끄덕였다.
"그러게. 꽃은 겨울에도 필 수 있어. 하지만 믿음이라는 흙과 거름이 있어야 내년에도 피지. 우리 회사도 마찬가지야. 오늘의 이 흑자가… 내년의 진짜 봄을 불러올 거야."
그들의 시선 속에서, 흰 국화는 더 환하게 빛났다.
전쟁과 추위 속에서도, S물산의 봄은 이미 시작되고 있었다.

⁂ TimeCosmos Note

인천 수협 계약의 70% 금액 정산은 매우 빠른 납품과 신뢰의 회복을 상징하며, 실제 1950~60년대 기업들도 조합·관공서·군납처와의 거래에서 부분 정산 → 신속 회계 반영 → 유동성 확보 전략을 즐겨 썼다.

회계 칠판에 적힌 '흑자' 표시는 컴퓨터가 없던 당시 풍경을 보여준다. 그 시절에는 흑칠판에 매일 수기로 수지현황을 작성하며 직원 전체가 기업 재정 상황을 공유했다.

이병철이 손수 작성한 '사업계획' 메모는 픽션이지만, 그는 실제로 1950년대 중반부터 물류 구조 개선, 계열사 분산 전략, 전자 산업 진출을 준비했고, 1960년대에 본격적으로 전자 분야를 추진했다.

박종선 지점장의 장기 거래 재개 선언은 1950년대 실물 금융에서 중요한 신호였으며, 한 번 신용이 회복되면 은행 → 다른 금융 기관 → 민간 시장까지 신뢰 확산으로 이어지는 선순환 구조가 형성되었다.

⁂ 역사적 배경

1954년 11월 말, 산업 현장에서는 경제적 복구와 성장의 실마리가 보이기 시작하던 시점이었다.

종로, 을지로, 인천, 대구 등지의 시장은 전쟁 중에도 명맥을 유지하던 기초 산업 생태계였고, 민간 기업들은 은행 신용 회복을 통해 거래처 확대 → 매출 회복 → 고용 유지의 삼각 구조를 만들어가고 있었다.

이 시기부터 실제로 이병철은 S물산의 기업 구조를 재편하기 시작했고, 해외 선진 기술 동향에 대한 리포트를 수집하여 일본·미국을 중심으로 전자 기기 및 화학사업 진출을 준비했다.

"남보다 먼저, 그렇지만 남과 다르게"는 이병철 회장의 실제 발언이다. 초기부터 이병철은 **"남과 달라야 산다"**는 차별화 전략에 집착해왔다.

그의 경영 인생은 수많은 발전과 위기, 통찰과 결단, 그리고 외로움과 고독의 싸움으로 점철되어 왔다고 해도 과언이 아니다.

윤진혁 또한 이런 이병철 회장의 정신을 그대로 승계하여 다가오는 전자 산업 시대의 변화를 꾀하고 있는 것이다.

"경영은 남보다 먼저 시작하고,
남과 다르게 나아갈 때 길이 열린다."

8장. 전자라는 꿈, 그리고 첫 씨앗

1954년 11월 말, 서울 종로.
윤진혁—— 이제는 이병철로 살아가는 그는, S물산의 위기를 넘긴 그날부터 다시 밤잠을 이루지 못하고 있었다.
종로 본사 사장실 한 켠, 벽에는 자신이 손으로 그린 'S그룹의 미래 산업 구조도'가 붙어 있었다.

　　1차: 무역 / 식료 / 섬유 (현업)
　　2차: 기초 제조 / 물류 인프라
　　3차: 전자 / 반도체 / 통신

그는 조용히 자문했다.
"이 시기, 세계와 우리는 원래 어떻게 변화하고 있었지?"
윤진혁은 그동안 서랍에서 방치해 두었던 빛바랜 메모 노트를 꺼냈다.
거기에는 며칠 전 2025년의 기억 속에서 꺼낸 메모들이 고스란히 적혀 있었다.

　　1950년대: 소니, 트랜지스터 라디오 상용화, 일본 도시바,
　　컬러TV 기술 확보

1960년대: S전자 설립(원래의 역사)
1970년대: L사 vs S전자, 전자산업 격돌
1980년대: S전자 반도체 64K DRAM 개발

'우리는 지금보다 10년 빨리 움직일 수 있다. 아니, 그보다 더 빨리 움직여야만 한다.'
이병철은 사장실로 김 실장과 핵심 인력 네 명을 급히 불렀다.
그 중엔 이번에 입사한 서울 공대 출신의 젊은 사원과 무선 통신을 전공한 군 출신 엔지니어, 그리고 통역을 겸하는 일본어 특기자도 포함되어 있었다.
그는 흑칠판으로 걸어가 단도직입적으로 적었다.

'S전자 전기기술소 - 파일럿 프로젝트 실시.
목표는, 6개월 내 트랜지스터 라디오 시제품 생산!'

흑칠판에 밑줄을 쭉 그은 그가 말했다.
"어느 누구도 폐허나 다름 없는 불모지 대한민국 땅에서 라디오를 만들 수 있다고 생각하지 않을 것입니다. 하지만 앞으로의 미래는 그런 사람들의 손이 아니라 우리처럼 적극적으로 시작하려는 사람들이 성공할 것입니다."
젊은 사원이 물었다.
"사장님, 아직 우리에겐 기본적인 회로 설계도도 없고, 공장도 없고, 기반 시설도 매우 부족한 상황입니다. 이건 맨땅에 헤딩하는 거란 생각밖에 안 듭니다. 어쨌든 지금으로선 불가능에 가까운 일이 아닌가 생각이 듭니다."

이병철은 젊은 사원을 보며 단호하게 말했다.

"그럼 그들의 것을 배워오면 됩니다. **정보는 수치고, 수치는 복제할 수 있어요. 솜씨 좋은 우리가 그들의 수치를 배울 수만 있다면 10년을 1년으로 압축할 수 있습니다.**"

모두가 숨을 죽였다.

"일본의 기술자들과 소니, 도시바의 특허 출원, 그리고 미국의 벨연구소 논문— 우리는 얼마든지 그들의 선진기술과 발전된 문명을 직접 가서 배워올 수 있습니다. 물론 그들은 숨겨놓은 기술을 쉽사리 우리에게 알려주지 않겠지요. 하지만 우리는 기본적인 기술만 익혀도 스스로 연구하고 발전시켜 그들이 이루어놓은 것을 얼마든지 능가할 수 있는 빠른 능력이 있습니다."

잠시 침을 삼키던 이병철이 목소리를 더 높여 말했다.

"그래서 우리는 아니, 여러분들은 지금부터라도 그들의 기본적인 기술을 샅샅이 훑어서 우리의 것으로 만든 다음, 그것을 연구하여 발전시킨다면 몇 년이 지나지 않아 그들의 미래가 이미 우리에겐 과거로 보이게 될 것입니다."

이병철은 회의가 끝나자마자 미군 군수자재 창고에서 부품을 구입하고, 시하실 한 구석에 'S전자 기술빈'을 만들게 하였다. 그는 직접 손으로 내부 구조를 대략 설계하고, 트랜지스터 회로도를 되살려 종이에 대략적으로 그려 보기도 했다.

이병철은 10년 후에나 등장하는 회로 설계 방향, 소형 트랜지스터 파형, 전자파 간섭 이론 등을 설명했다.

"그러나 이건 미국 논문 중 일부일 뿐입니다. 내가 아는 건, 어디까지나 개요와 방향뿐. 지금 완성할 수 있는 건, 그 틀에 불과한 것입니다. 여러분들은 이곳에서 이 개념을 더욱 연구해서 그들과는 다른 실용화가 가능한 실체적인 제품을 만들어내는 것입니다."

그때 김 실장이 옆에 와서 보고했다.

"사장님, 일본 오사카 쪽 중소 부품 업체와 연락이 닿았습니다. 도시바 1차 하청 업체 중 하나라고 합니다."

"좋아. 그들에게 S전자의 한국 내 독점 판매권을 보장할 수 있다고 해.

그리고 그 대신, 기술 설계자료 일부를 공유받는 조건으로 하고..."

"그런데 그렇게 하면 그쪽에서 아무래도 기술 유출을 두려워할 텐데요."

"그러니 우리가 국내 독점 판매권이라는 당근책을 먼저 제시하고 그들이 국내에선 오히려 우리에게 의존하게 만들도록 해야 해. 그렇게 되면 앞으로 우리가 그들의 기술을 역전하는 기반이 마련될 수 있을 거야."

⁂ TimeCosmos Note

이병철이 추진한 'S전자전기기술소'는 픽션에 해당하지만, 실제로 S전자는 1969년에 (주)S전자공업으로 출범했다. 그 이전에도 라디오, TV 부품, 전선 제조 등의 초기 전자 산업 인프라를 준비한 흔적이 있었다.

트랜지스터 라디오의 개발과 수입은 1950년대 후반부터 일본 기업 중심으로 가속화되었고, 소니(SONY)는 1955년 최초의 트랜지스터 라디오 'TR-55'를 출시하여 세계 전자산업에 신호탄을 쏘았다.

벨연구소, 도시바, 오사카 부품 업체 등은 실제로 1950~60년대 세계 기술이 태동하던 핵심 거점이었으며, 미군 군수품 유출을 통한 부품 확보 역시 한국 초기 전자 산업의 실질적 기반 중 하나였다.

일본 하청업체와의 비공식 기술 공유, 상업적 독점권 거래는 당대 많은 한국 기업이 활용한 방식이다. 기술 이전과 부품 확보의 초기 전략은 1970년대까지도 이어졌으며, 이는 이후 '기술 독립'의 뿌리가 되었다.

⁂ 역사적 배경

1954년 후반, 전자 산업이라는 개념은 한국에선 사실상 '없는 수준'이었다. 하지만 일본은 미군 점령 시기부터 전자·통신 산업을 민간 기술로 전환해 급속히 발전 중이었다.

당시 한국 기업들은 미군 물자에서 나온 통신 기기, 진공관, 저항기, 배선 장비 등을 헐값에 구매해 라디오 수리, 통신장비 개조 등을 하며 산업적 가능성을 시험하고 있었다.

서울 용산 청파동은 미군부대, 군수창고, 일본 상가, 철물상 등이 혼재하던 지역으로, 전자·기계 부품 유통의 비공식 중심지 역할을 했다.

당시 '기술소' 개념은 공식 연구소가 아니라, 사무실, 창고, 지하 공간을 개조한 기술반 형태가 일반적이었다. "지하실 구석의 기술반"은 바로 그 실상을 반영한 것이다.

✲✲ 회귀적 통찰

윤진혁(이병철)은 드디어 본격적인 전자 산업 시대를 열려고 한다. 이런 의도는 그가 미래에 대한 뚜렷한 확신이 있었기에 누구보다 먼저 시작할 수 있는 것이다. 이는 현대인 또한 마찬가지로 사물의 통찰을 통해 미래에 대한 확신을 얻을 수만 있다면 다른 누구보다 첫 삽을 뜨는 것이 가능할 것이다. 이러한 통찰의 능력과 예지력은 굳이 선천적이지 않더라도 키울 수가 있는데 **남다른 관찰력과 실패에 대한 반성과 용기, 사물에 대한 편견 없는 수용이 있을 때만 후천적으로 얼마든지 가능할 것이다.**

본 저서는 이러한 통찰력과 경영가의 자질을 키우기 위한 후천적 방법으로 책 뒤편 부록에 자세한 내용을 다루고자 한다.

"관찰하고, 반성하고, 용기 내어 시도하라.
그 순간 통찰은 후천적 재능이 된다."

9장. 일본보다 빨리, 미국보다 다르게

본사 기획실에서는 기념비적인 문서 한 장이 작성되고 있었다.

"S전자(주) 설립 검토안 – 전자산업 독립 기반 마련 목적"

제안자는 회장으로 명패를 바꾼 이병철 S전자 회장.

문서의 맨 위엔 빨간 잉크로 낙서처럼 한 줄이 적혀 있었다.

'더 이상 남의 걸 조립해서만 팔지 않는다. 이제, 우리가 만든 걸로도 세계만방에 팔아보자.'

그는 구상 중인 전자 전문 회사의 방향성을 명확히 3가지로 정리했다.

– 전자부품의 국산화, 응용 제품의 자체 개발, 기술인력의 지속 육성

"이제부터 S물산이 아닌 S전자는 전자 제품 회사로서 세계 기업들과 당당히 기술과 제품, 두 다리로 꼿꼿이 서겠다는 선언을 하겠습니다."

그는 망설이지 않고 말했다.

"무엇이든 좋소. S전자의 원칙은, 우리가 먼저 만들 수 있는 것부터 시작하고, 남들이 못하는 것을 목표로 설정하라는 겁니다."

그의 선언을 필두로 다음 해인 1955년 봄, 'S전자(주)' 설립 신고가 등록되었다.

회사 자본금은 아직 작았고, 공장은 임시 조립라인을 쓰고 있었

고, 제품 라인업도 고작 라디오와 간이 송수신기뿐이었다. 그러
나 그것은 S전자가 더 이상 S물산 무역 상사가 아닌, 제조 기술
기업으로도 도약하는 출발점이었다. 이병철은 새로 걸린 사무실
간판을 잠시 바라보다 손으로 유리창에 글씨를 썼다.
'S전자(주), 기술로 세상을 바꾼다. 과거의 누가 그랬던 것처럼,
더 빠르게 더 확실하게'

1954년 12월 중순, 서울. S전자 본사 지하 회의실.
이병철은 김 실장과 핵심 실무자들을 불렀다.
"오늘부터 본격적으로 비공식 정보 수집팀을 조직합니다. 이름
은 **'S전자 제2자료반'**. 격식도 없고, 등록도 없습니다. 하지만 이
렇게 수집한 자료가 앞으로 S전자의 생명줄이 되어 줄 겁니다."
이병철은 잠시 노트를 꺼내 펼쳤다.
노트엔 미래의 기억을 되살린 정보 구조가 적혀 있었다.

> 일본: 기술 잡지류(『ラジオ技術』, 『無線と実験』)를 통한 습득 및
> 연구
> 미군: 반환 장비 해체 후 회로 해독 분석 가능하게
> 대학: 서울공대·부산공대 등의 인재 영입
> 미군: PX 유봉방 등 유통망 활용→ 최신의 전자 기기 등 추기
> 입수 요망

"우리는 이제부터 이 루트를 따라 움직여야 할 겁니다. 각각의
선진나라에서 기본적인 기술을 배우고, 국내의 특출난 인재들을

영입하고, 논문 하나, 설계도 한 장까지 손으로 다시 쓸 것입니다. 따라서 지금부터 각 부서는 오늘부터 각 매뉴얼을 반영하여 실행토록 하시고 그 결과를 보고하시기 바랍니다."

서울 태평로에 위치한 S물산 사무실 한 켠.
천장이 낮고 통풍도 잘 되지 않는 작은 자료실에 네댓 명의 직원이 모여 있었다.
책상 위에는 일본에서 갓 들여온 『ラジオ技術』,《日経エレクトロニクス(일경 일렉트로닉스)》,《科学朝日(과학 아사히)》,《電波技術(전파기술)》,《工業時報(공업시보)》 같은 전문 기술잡지들이 펼쳐져 있었다.
"이 기사 좀 보십시오. 마쓰시타에서 다이오드 소자에 투자를 늘리고 있다는데요?"
"히타치가 새로운 라디오 진공관을 양산한다고도 나와 있습니다."
그들은 전직 일본 유학생 출신으로, 잡지를 빠르게 번역해 내며 동료들에게 핵심 내용을 정리해주고 있었다. 그의 손에는 형광펜으로 가득 표시된 메모장이 들려 있었고, 몇몇은 아예 왼손으로 책장을 넘기고 오른손으로 요점을 받아적고 있었다.

S전자 기술반 소속의 젊은 기술자 홍승우는 이병철 회장의 특별 지시를 받고 미군PX 내부에서 최신의 중고 라디오를 구입했다.
그는 수첩에 깨알 같은 글씨로 적었다.
"Zenith 라디오 – 6-Band 회로 / 미군 기지용"
"전원 트랜스 독립 / 주파수 고정 소자 구성 우리와 아주 흡사함"

그날 밤, 그는 최신의 미국제 라디오를 분석하며 우리도 할 수 있다는 자신감으로 들떴다.

그 다음날 이병철은 조용히 서울공대 총장을 만났다.
연구용 자재 일부를 S전자 기술반에서 실험용으로 제공하는 대신 학생들을 연수직으로 채용하겠다는 약속을 했다.
당연히 서울공대 총장은 이병철의 제안에 감격의 악수를 하며 제자들을 직접 데리고 회사를 찾아가는 열성을 보였다.

그리고 1954년 연말을 앞둔 마지막 밤.
이병철은 어두운 사무실 안에서 조용히 메모를 정리하고 있었다.
책상 위엔 '기술 분석 보고서'가 빼곡히 놓여 있었다.

  - 도시바 회로 응용 패턴 분석
  - 벨연구소 진공관 축소 논문 요약
  - 한국 내 전자파 간섭 실험 결과
  - S전자가 자체 설계한 첫 TR 시제품 회로 요약

그는 펜을 들어 이렇게 시대의 흐름을 써내려갔다.
"1955년 – S전자 목표는? **일본보나 빨리, 미국보다 다르게**"

서울 청파동 'S전자 라디오기술반' 실험실.
바닥은 콘크리트 먼지로 얼룩졌고, 작은 라디오는 여전히 치지직거리는 소리만 내고 있었다.

그러나 이날 아침, 기술자 홍승우가 작업대를 떠나 회장실로 달려갔다.

"회장님! 드디어… 자체 회로로 수신 성공했습니다. 일본 회로는 쓰지 않고 저희 설계만으로 잡힌 신호입니다!"

이병철은 입가에 미세한 미소를 머금었다. 종이에 적힌 신호 파형을 살펴보던 그는 천천히 창밖을 보았다.

"이젠, 우리도 '설계'를 조금 한다고 말할 수 있게 되었군."

며칠 뒤, S물산의 가명 수출업체 '동방무역' 명의로 도쿄의 기술 상사 두 곳에 동일한 제안서를 전달했다.

    -제품명: 소형 라디오 모듈 (Sample 4B-A)
    - 원산지: 대한민국 서울
    - 문의처: 부산-하카타 해상 배송 지점
    - 가격: 일본 제품 대비 30% 저가
    - 성능: 수신 범위 동일, 전력 소모 절반

이 제안서를 받은 일본 무역상 츠루오카 히데키는 서류를 내려놓고, 회사를 잠깐 찾아온 도시바 부장을 향해 놀라는 표정으로 말했다.

"이것 좀 보십시오. 후진국 한국에서 이런 기술도 진행하고 있었습니까?"

도시바 부장은 처음엔 웃음으로 맞장구를 쳤다.

"하하, 웃기지 마십시오. 그 나라가 몇 년 전만 해도 우리의 식민

지였다가 지금 전쟁으로 망한 나라 아닙니까. 폭삭 망한 나라에서 뭘 제대로 하는 게 있겠습니까?"

하지만 며칠 뒤, 실제로 서울 S전자로부터 모듈 샘플을 받아든 그는 얼굴이 굳어졌다.

"…이건 분명히 도시바 47-A 회로의 간접 구조를 베이스로 한 건데… 그런데 요부분에 변형이 들어갔군. 그것도 완전히 다른 파형이… 이대로라면 S전자의 제품도 앞으로 충분히 경쟁력이 있겠는데."

도시바 부장은 반은 놀라움, 반은 걱정되는 표정으로 혼자 말하였다.

서울의 이병철은 일본 측의 반응 보고서를 받고 말했다.

"이런 제안서가 아니었다면 도시바는 우리가 존재한다고도 생각하지 않았을 것이야."

김 실장은 물었다.

"이제 어떻게 하시겠습니까?"

"정면으로 돌파해야지. 우리가 일본보다 못한 것은 자본일 뿐이지, 창의력이 아니잖아."

그날 밤, 이병철은 다가올 S전자 TV의 시대를 열기 위해 회장실에 남아 2020년대의 국내외 기업들의 TV산업에 대한 기억을 다시금 떠올렸다.

1964: 소니, 텔레비전 수출 개시
1969: S전자 설립

1980: LG의 컬러 TV 첫 출시
1995: S전자-LG, CRT 디스플레이 전쟁
2000~2020: 세계 TV 시장 점유율 경쟁

'나는 지금 이 싸움을 원 역사보다 10년 일찍 시작한 셈이다.'
그리고 그는 다시 펜을 들고 적었다.
"우리나라에서 더 빠르게, 더 치열하게, 더 먼저 미래에 도달해
야 한다."

⁂ TimeCosmos Note

S전자 제2자료반이라는 이름은 창작이지만, 실제로 이병철은 1950~60년대 비공식 정보 수집과 해외 기술 분석팀을 운용했고, 이를 바탕으로 일본 기업들과의 기술 격차를 좁혔다.

1950년대 실제 일본에는 《ラジオ技術》(Radio Gijutsu), 《無線と実験》(Musen to Jikken)과 같은 전자·무선 전문 잡지가 존재했으며, 한국 기술자들도 이를 밀수 또는 교류를 통해 접하는 경우도 있었다.

미군 PX를 통한 전자 부품 유입, 서울공대·부산공대 인재 스카우트, 일본 하청 업체와의 기술 분석, 가명 수출 루트는 1960~70년대 S전자, L사(LG), 현대전자 등에서 실제 활용하던 전략이다.

도시바 회로를 간접 참고한 재설계, 한국산 모듈 수출 제안, 미군 고문 기술자 영입 시도 등은 픽션이지만, 당대 한국 기업들의 초기 기술 국산화와 역설계(Reverse Engineering) 방식과 매우 유사하다.

⁂ 역사적 배경

1954년, 한국은 아직 어려운 상황이었지만, 전자 기술자들은 미군의 통신 장비, 구형 라디오, 진공관 등을 통해 기술 습득을 시작했다. 실제로 용산과 남대문, 청파동 일대는 전자기기 밀집 상권으로 알려졌다.

당시 일본 기업들(도시바, 소니, 마쓰시타 등)은 전후 재건 과정에서 미국 기술을 기반으로 한 제품 상용화에 성공하며, 한국보다 10~15년 정도 앞선 기술 기반을 가지고 있었다.

서울공대(현 서울대 공과대학)는 이 시기에도 전기·전자 강의를 진행했으며, 일부 기업들과의 교류도 있었다. 기업이 대학 연구자와 비공식 협력 관계를 형성하는 것은 그 당시에도 가능했다.

⁂ 회귀적 통찰

본 장은 윤진혁(이병철)이 회귀자의 이점과 이병철 회장의 능력을 극대화하는 전환점이다. 미래를 아는 자체보다 기술의 흐름과 맥락을 이해하고 움직이는 것이 시대의 고난을 극복하는 핵심이라는 것을 그는 너무나 잘 알고 있는 것다.

"일본보다 빨리, 미국보다 다르게", **"우리가 부족한 건 자본이지, 창의가 아니다"** — 윤진혁은 과거의 이병철의 인성을 그대로 간직한 채 **'속도'**, **'효율'**, **'전략'을 한 몸처럼 운용**하며, 미래 기억을 기반으로 한 시대 압축형 성장을 실현하고자 한다.

"우리가 부족한 건 자본이지, 창의가 아니다.
일본보다 빨리, 미국보다 다르게 움직여라."

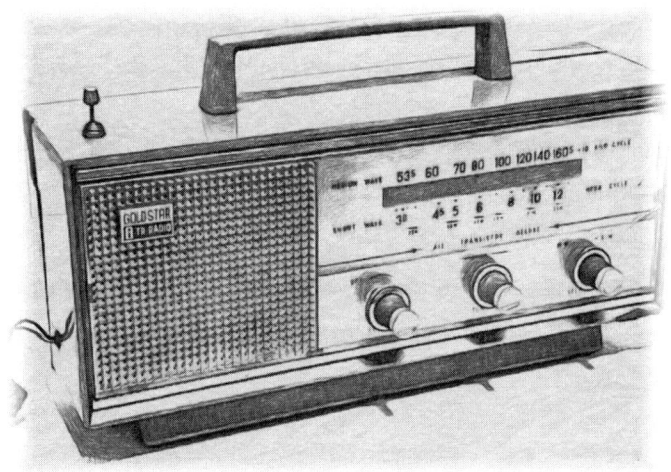

10장. 디스플레이 전쟁의 서곡

1956년 2월, 서울 청파동 – 실험실 한 구석.
"화면이… 들어왔습니다! 아주 미약하지만… 전자총이 브라운관에 드디어 반응했습니다!"
라디오기술자에서 TV 팀장이 된 홍승우는 화면을 뚫어지게 바라보며 흥분하여 외쳤다.
브라운관.
비록 구형 미군 통신 장비에서 적출한 부품이었지만, 그 안에 흰 점 하나가 깜빡이며 살아 움직이고 있었다. 이병철은 조용히 다가가 화면을 들여다보았다.
흰 점.
신호.
이병철은 연구직원들에게 순조로운 개발 과정을 현장에서 칭찬하고 본격적인 S전자, '전자영상기술반'을 서둘러 창설하였다.
S전자영상기술반은 두 갈래로 구분한다.

  제1반: 라디오 및 소형 수신기 개발(최동규 팀장 중심)
  제2반: 영상 디스플레이 기술 탐색(홍승우 팀장 주도)

"우리는 대한민국 국민들의 삶을 바꾸는 제품을 만드는 겁니다.

그리고 그 중심엔 반드시 텔레비전 화면이 존재할 겁니다."

그러나 문제가 있었다. 당시 대한민국엔 텔레비전 방송국이 존재
하지 않았다. 심지어 시청자도, 수요도 없었다.
만약 TV 수상기만 있고 방송국이 없다면?
TV는 속빈 강정에 불과할 것이고 결국 미래의 이병철이 추구하
는 전자산업은 시대의 흐름을 타지 못한 설익은 실패작에 머무를
확률이 높았다.

1953년 - 일본 NHK 정규 방송 시작
1956년 - 미국 RCA, 컬러TV 상용화
1964년 - 한국 KBS 흑백TV 첫 시험방송

'그러나 우리가 지금 움직이지 않으면, 10년 뒤에도 일본의 기술
을 빌려다 써야 한다. 어떻게 해서든 방송을 할 수 있는 방법을
찾아야 한다.'

그로부터 2개월 후 S전자는 1956년 4월, 자체 영상 출력 회로
시뮬레이션 실험에 착수했다.
단순히 화면 전원이 켜지는 것이 아니라, '문사' 혹은 '도형'을 표
시하는 수준까지 도달하겠다는 것이 목표였다.

"S전자 - 韓国의 떠오르는 새 전자기업
회로 복제 능력은 우수 / 가격 경쟁력 매우 높음

그러나 독자 회로 개발 능력은 아직 미지수"

한편 미군 PX와 연결된 윌리엄스 중위는 자국으로 전보를 보냈다.

"대한민국 민간 기업 중 기술 성장 빠른 그룹 발견함.
S전자(S전자무역/기술반) - 기술적 모방·응용 능력 비범. 관찰 필요."

이제 S전자는 빠른 속도로 발전하며 미국도 지켜볼 대상이 되었다.

1957년 1월 29일,
S전자기술반의 지하 실험실에서 S전자 내부 첫 영상 출력 시연회가 열렸다.
3인치 브라운관. 흑백의 작은 화면.
거기엔 손으로 그린 삼각형이 비춰져 있었다. 그 아래엔 S전자 로고가 흐릿하게 깜박였다.
흑백 브라운관 안에 흐릿하게 떠오른 삼각형과 로고는 마치 '검은 그림자'처럼 보였다.
하지만 그 그림자는, 곧 한국의 전자 산업이 이미 미래의 벽을 넘어서는 증거물이 될 것이다.

[텔레비전 생태계 3대 요소]

1번: 기기(Device)

2번: 방송사(Media)

3번: 콘텐츠(Content)

실무기술팀장 회의에서 이병철은 조용히 물었다.

"지금 우리가 가진 건 1번, 기기뿐입니다. 그런데 방송국이 없다고 1번, 3번을 남에게 다른 업체에게 맡길 수 있을까요?"

실무팀장들이 아무 말도 하지 못하자, 이병철은 다시 말했다.

"만약 이대로 기기만 내놓는다면 우리가 만든 텔레비전은 존재하지 못하고 사그라지게 될 것입니다. 그렇다면 이제 우리는 어떻게 하는 것이 최선일까요?"

누군가가 질문에 이렇게 답했다.

"우리가 직접 2번, 3번을 하면 됩니다."

이병철이 씨익 웃으며 만족하는 얼굴로 말했다.

"그렇습니다. 우리가 먼저 '보여줄 영상'을 쇼케이스로 만들고, 그걸 반복 재생하면서 기기의 가치를 입증하여 대중들로부터 사고 싶게 만드는 거예요. 만약 이런 행사를 하지 않으면 우리 제품은 겉만 번지르한 개살구가 될 것입니다."

쇼케이스...! 당시에는 생소한 말이지만 윤진혁에게는 미래 기업체 홍보의 기본이라 할 수 있는 시대를 거슬러 올라가는 마술 같은 단어였다.

이병철은 새로운 프로젝트를 시작했다.

[S전자 영상시험소 – Video Test Lab]
 – 자체 제작 영상: 인형극, 풍경, 낙관 이미지 등
 – 3분 길이의 짧은 콘텐츠 제작
 – 브라운관에서 6회 반복 재생
 – 시범 설명회, 데모 전시회 쇼케이스 준비

김 실장이 걱정되는지 조심스러운 표정으로 물었다.
"회장님, 죄송하지만 이 영상을 보고 비싼 텔레비전을 사러 오는 사람이 있을까요?"
이병철은 껄껄 웃으며 말했다.
"사러 오는 게 아니라, 우리는 앞으로 이러한 제품을 팔 수 있다는 걸 시범적으로 보여주려 하는 것일세. 사람들은 본 적 없는 물건을 사지 않지. 하지만, 한 번이라도 눈앞에서 움직이는 화면을 본다면, 아무리 비싸도 미래를 살 수 있게 되고 그 미래는 방송국 설립으로 발전하게 될 것이야."
사실 김 실장의 이런 질문은 몇 년 후 미래와 비교했을 땐 얼토당토않은 이야기겠지만 당시만 해도 텔레비전은 고가의 사치품 정도로 생각했기에 많은 이들의 이러한 부정적 시각을 마냥 비판만 할 수는 없을 것이다.

⁂ TimeCosmos Note

브라운관(CRT)은 1950~60년대 TV 기술의 핵심 부품이며, S전자도 1970년대 이후 흑백 TV와 컬러 TV 시장에 본격 진입했다. 본 장에서 등장하는 '3인치 브라운관'과 초기 회로 실험은 당시 일본·미국 기술을 모방 또는 개량·개발한 과정과 매우 유사하다.

'TV는 없지만, 방송국보다 먼저 만든다'는 전략은 당시로선 매우 혁신적 발상이나, 이후 실제로 기기 제조사가 직접 방송 콘텐츠와 유통까지 주도하는 구조로 발전했다.

S전자는 훗날 KBS, MBC 등의 방송국과 밀접한 협력 관계를 통해 하드웨어-미디어 연계 모델을 완성했고, 이는 1980~90년대 S전자-L사 미디어-전자 복합 경쟁으로 이어졌다.

⁂ 역사적 배경

1950년대 우리나라에는 방송국은 존재하지 않았다. 한국의 흑백TV 시험 방송은 1964년 KBS를 통해 처음 시작하였고, TV 보급은 1970년대가 되어서야 본격화되었다.

일본 NHK는 1953년 정규 TV 방송을 시작했고, RCA는 1956년 컬러TV 상용화에 성공했다. 한국보다 약 10~15년 앞서 있었던 기술 격차는 이병철이 인식한 **"빨리 움직이지 않으면 안 된다"**는 발언의 배경이 된다.

청파동·용산·남대문 지역은 전자부품, 미군 상비 유통, 수공입직 조립기술이 집중된 장소였다. 여기서 라디오, 오디오, TV 실험이 비공식 소규모 기술자 중심으로 수행되곤 했다.

⁂ 회귀적 통찰

원 역사와 다르게 윤진혁(이병철)은 이제 단순한 제품 개발자가 아니라, '문화 창조자'로도 관여한다. 그는 기술만이 아니라, 콘텐츠, 유통, 감동, 그리고 사람들의 미래적 삶의 방식까지 1950년대에 반영하기 위해 노력한다.

이러한 노력은 당시로서는 분명 파격에 가깝지만 **선진 또는 미래 문화를 주입하여 당시 사람들의 사치품으로서의 텔레비전에 대한 인식을 바꿀 수만 있다면 회귀자로서 충분히 생각할 만한 상황일 것이다.**

"기술은 팔 수 있지만,
문화는 사람의 삶을 바꾼다."

2부.

1960년대, 기회의 시대

11장. 방송 없는 나라의 텔레비전

1960년 1월, 서울 청파동 – 실험실 내부

'삑——'

브라운관에서 기괴한 소리가 지하 실험실 내부까지 울려퍼졌다.

곧 화면이 일그러지고, 곡선으로 왜곡된 형상이 툭 튀어나왔다.

기술자 박형준 대리는 당황하며 전원을 껐다.

"팀장님, 편향 코일이 불안정하게 나타납니다. 전자총에서 출력된 신호가 화면 전체에 균일하게 전달되지 않습니다."

홍승우 팀장은 곰곰이 화면을 바라보더니 이병철 회장에게 즉각 현 상황을 보고했다.

이병철은 알고 있었다.

실패는 당연히 반복될 것이고, 그러한 실패 또한 끈기 있는 시행착오를 통해서 반드시 기술력의 진화로 되돌아올 것이라는 것을, 그리고 그러한 노력의 결과물로 S전자의 기술력이 대한민국을 대표해 미래를 선도하게 되리라는 것을….

S전자 기술반은 이병철의 든든한 배려하에 수백여 치례의 브라운관 테스트 실패를 거듭 반복했다.

전자총의 열 변형으로 인한 중심 왜곡, 수평·수직 편향 회로의 지연, 출력 시 노이즈 섞임 및 열 발생으로 인한 부품 탄화, 그리고 음성과 화면의 싱크 어긋남 반복 등.

하루하루 쉴 틈 없이, 오류가 축적되는 날들이었다. 그러나, 그 오류의 축적이 거듭되면 거듭될수록 S전자의 독보적인 기술력의 두꺼운 층이 되어갈 것이었다.

어느 날 밤, 여느 때와 다름없는 실무진 기술자 회의 도중, 이병철은 라디오 회로와 TV 회로를 나란히 놓고 말했다.
"라디오는 틀어놓고 고장 나도 기다릴 수 있지만, TV는 화면이 끊기는 순간 신뢰가 무너져요. 그 이유는… 사람들은 '보는 것'에 훨씬 더 민감하니까요. 지금 우리가 만드는 건, 간접 경험이지만 이 기계를 대중들이 믿게 만들지 못한다면 우리 사업은 지금이라도 당장 접어야 할지도 모릅니다."
그러나 본질적인 문제는 외부업체에 대한 의존도였다.
편향코일, 진공관, 트랜스, 브라운관 등 대부분이 일제 혹은 미군의 중고 재료였다.
이병철은 선언했다.
"그래서 우리는 최소한 기본 부품 네 가지를 '우리와 가장 가까운 곳'에서도 일단 공급할 수 있어야 합니다."

  - 첫째, 전자총 유리관: 근방 제철소에서 공급한 금속 소재와
       유리 공장 연계하여 제작
  - 둘째, 편향코일: 성수동 수공업자와 긴밀한 협력 통한 수작업
       제작
  - 셋째, 음성 출력 트랜스 라디오 수리공과 공동 제작하여
       실용성과 성능 검증

－ 넷째, 섀시(내부 프레임) 동네 철공소와 설계 논의 후 구조 완성

이병철은 직원들로 하여금 동네 지역 장인들과 수차례 협상을 거치게 하였고, 그들 중에 특출한 기술력이 있는 사람을 선별하여 여러 가지 혜택을 주었다. 그로 인해 S전자 회사 주변에는 작은 단위의 부품 생산 라인이 우후죽순으로 늘어나기 시작했다.

"회장님, 지금의 이 인력만으로는 앞으로 하루에 10대 이상 양산은 어렵습니다."
기술팀장 최동규의 말에 이병철은 즉시 상황의 심각성을 느끼고 'TV 기술학교 설립준비위원회'를 발족시켰다.
TV 기술학교에선 서울공대·부산공대 학생 중 3개월간 브라운관·회로 실습 수료 후 S전자 기술반의 연구소 배치는 물론이거니와 회사가 직접 설립한 다수의 학생들을 고등교육하여 실전에서 빠르게 배치해 TV 생산량을 늘리는 것에 집중하였다.
"지금 우리가 만드는 전자 제품은 단순한 라디오와 다릅니다. 단지 많은 수량을 양산하는 것에 만족해서는 안 됩니다. 한 대를 만들더라도 하루 '24시간 연속 풀 가동'에도 문제없는 제대로 된 제품을 만들어야 합니다."
이에 따라, 증원된 S전자 기술반은 직원들은 그 당시로서는 놀랍게도 내구력만을 위한 비공개 장기 구동 테스트를 계속해서 반복하기 시작했다.

- 24시간 연속 재생
- 고온·저온 조건 반복
- 전원차단 후 재부팅 반응성
- 음성 왜곡률 측정 등

이러한 내구성 테스트는 주먹구구식의 당시로서는 획기적인 테스트로, 기술자들은 점점 피곤에 지쳐갔지만, '최고 품질'이라는 이름의 자신감도 무럭무럭 생겨났다.

드디어, 시행착오를 거쳐 첫 번째 '완제품 시제품 1호'가 등장했다.

기술반의 홍승우 팀장이 부리나케 달려와 보고했다.

"회장님, S전자 TV 시제 1호, 72시간 연속 시청 테스트를 마침내 통과했습니다. 정상 작동, 영상 왜곡률 평균 1.7% 미만에 불과합니다."

이병철은 즉시 연구소로 달려가 화면을 바라보다가 케이스를 어루만지며 말했다.

"드디어… 대한민국 텔레비전 시대의 시작이로군요."

그동안의 희로애락이 함축된 말이었다.

⁂ TimeCosmos Note

브라운관(CRT)과 전자총, 편향코일 등은 1950~60년대 TV 기술에서 핵심 부품이었다. 실제로 S전자는 1970년대부터 흑백·컬러TV를 양산하면서 국 산화율을 점차 높였으며, 부품 내재화 전략은 당시 생존을 위한 필수 조건이 었다.

본 장에서 이병철이 설정한 국산 부품 4종 (전자총 유리관, 편향코일, 트랜스, 섀시는 한국 전자산업 태동기의 필수 조립 요소이며, 1960년대 S전자와 L사 모두 지역 수공업자와의 협력 체계를 통해 일부 부품을 국산화한 바 있다.

서울공대·부산공대와의 연계 인력 양성은 실제로 1960년대 이후 기업의 전 자기술 전문인력 수급 전략으로 자리잡았고, S전자는 이후 반도체·전자 부문 에서 지속적인 산학협력을 강화해갔다.

24시간 구동 테스트, 고온·저온 내구성 실험, 전원 재부팅 안정성 실험 등은 오늘날에는 대표적인 전자제품 신뢰성 평가의 핵심 지표로 쓰이는 테스트 방 식이다.

⁂ 역사적 배경

1960년 한국에는 텔레비전 방송국도, 관련 법률도 없었다. 최초의 시험방송 은 1964년 KBS가 시작했으며, TV 보급은 1970년대에야 본격화되었다. 이 병철이 방송 없는 시절에 TV를 만든다는 설정은 당시로서는 극도로 선도적 이 행보라 할 수 있다.

당시 한국의 전자 부품 공급망은 대부분 일본·미군 중고품에 의존했다. S전 자와 L사 모두 부품 국산화를 위한 수공업 기반 협력 체계를 구축했고, 이는 향후 기술 독립과 가격 경쟁력 확보에 결정적 역할을 했다.

선수동, 철공소, 수리공 협업은 실제 당시 산업 현장에서노 사수 목격되던 구조로, 국가적 제조업 등의 체계가 없던 시절에는 '장인 기반 제조 생태계'가 당시 산업의 실질적 기초였다.

⁂ 회귀적 통찰

"사람들은 '보는 것'에 훨씬 민감하다", "보여주는 기술은 곧 믿음이다"— 이 두 발언은 **윤진혁의 사물에 대한 정확한 통찰이 깃들어 있다.** 흔히 텔레비전을 바보상자라고 부르던 시절도 있었지만 텔레비전의 문화적 영향력은 과거는 물론이거니와 현대까지도 차고 넘친다.

'인간은 시각적인 동물이다'라는 말을 굳이 꺼내지 않더라도 우리는 시각에 의해 모든 것이 지배되는 시대에 살고 있고, 앞으로의 미래 또한 그러한 시대에 살 것이라는 사실은 변함이 없을 것이다.

따라서 **인간의 본성을 이해하고 그것을 상품화하려는 노력은 예지 통찰력을 키우려는 경영자들이라면 반드시 알아야 할 기본적인 자세이다.**

"사람들은 '보는 것'에 훨씬 민감하다.
보여주는 기술은 곧 믿음이다"

12장. 전국을 돌며, 쇼케이스를 하다

1960년 5월, 이병철은 공보처 출신의 촬영 기사와 연극 연출가 출신의 예술인 두 사람을 영입토록 지시했다.
그들은 작은 인형극 세트를 만들었고, 간이 일제 캠코더로 촬영을 시작했다.
내용은 단순했다.

해 질 무렵 서울의 풍경과,
아이들이 연날리기하는 장면, 그리고 가족들의 웃는 얼굴,
마지막으로 한 남자가 "희망"이라는 팻말을 들고 걷는 모습까지.

브라운관에 그들이 촬영한 영상이 반복될 때, 아마도 이 영상은 많은 사람들에게 미래의 창처럼 느껴지게 될 것이다.

1960년 6월 3일.
서울 대한상공회의소 지하홀.
입구에는 'S전자 영상기기 공개 설명회'라는 큼지막한 현수막이 걸려 있었다.
고위 관리들, 언론 기자들, 대학 교수들까지, 전후 대한민국의 내로라하는 인물들이 모여들었다.

이날 처음 텔레비전을 보는 이들은 호기심과 긴장으로 얼굴이 상기되어 있었다.

불이 꺼지고 브라운관에 영상이 켜졌다.

흑백 화면 속에서 아이들이 연을 날리고, 가족이 웃으며 식탁에 둘러앉아 있었다.

누군가가 숨죽이며 탄성을 내뱉었다.

"우와, 정말 사람이 움직인다…"

누군가가 놀라움의 탄성을 질렀다.

브라운관 속 동영상은 끊기지 않고 움직이고 있었고, 마지막 자막이 흐를 때까지 사람들은 집중해서 텔레비전을 응시하고 있었다.

마침내 텔레비전 안에서 생전 처음 들어보는 듯한 내레이션 목소리가 울려 퍼졌다.

"이 제품은 라디오가 아닙니다. 바야흐로 대한민국에서도 눈으로 보는 시대가 시작된 것입니다. 이제부터 이 제품은 S전자의 미래, 아니 대한민국의 미래가 될 것입니다."

그날 저녁, D일보와 C일보는 동시다발적으로 속보 형식의 기사를 실었다.

"한국에서도 텔레비전? S전자, 자체 움직이는 영상, 텔레비전 공개"

"영상 장치 시범 성공 – 전후 대한민국 충격 또 충격!"

한 기자는 이렇게 감상평도 썼다.

"아직 전파를 받지도 않고, 방송국도 없지만 화면 속 인물은 부드럽게 움직였고, 가족들의 생생한 장면을 마치 옆에서 보는 느낌이었다."

그리고 투어의 시작 – 대전, 대구, 부산, 광주.
S전자는 곧장 전격 '영상 기술 시연 순회전'을 기획했다.
트럭 개조한 이동 시연 차량에는 시제품 1호 고정 텔레비전은 물론, 예비로 브라운관 1개를 준비해둬 혹시 모를 만약의 사태에 대비하기도 하였다.
S전자 직원들은 짬이 날 때마다 전국을 대상으로 하는 '상공인 협의회', '학교 교사모임', '군부대', '지역 상인회'를 돌며 하루 2~3회 시연을 강행해 제품 홍보를 극대화했다.

- 7월 10일: 대전역 앞 공터
- 7월 14일: 대구 중앙시장 앞 회관
- 7월 18일: 부산 자갈치로 공회당
- 7월 23일: 광주 구도청 앞 운동장

어디를 가도 '움직이는 상자'는 수많은 사람들의 경외심과 즐거움을 불러일으켰다.
광주 시연회 마지막 날.
이병철을 비롯한 홍보 직원들이 마지막 쇼케이스를 위해 대거 참석했다.
장맛비가 잠시 그친 오후, 아이 하나가 시연차 앞에 멈춰 섰다. 키는 작고 고무 신발은 다 닳아 있었다. 그 아이는 무릎을 꿇고 화면을 들여다보다가 혼잣말처럼 말했다.

"사람이 상자 안에서 살아 움직여요…"

옆에서 그 말을 들은 이병철은 잠시 걸음을 멈췄다.

아이의 모습을 잠시 지켜보더니 다가가 궁금한 듯 물었다.

"어떤 장면이 좋아 보이니?"

아이는 잠시 생각에 잠기더니 슬픈 얼굴로 말한다.

"여자가 웃으면서 손 흔드는 장면이요. …마치 울 엄마가 전쟁 전에 살아 있는 것처럼 보였어요."

이병철은 그 작은 머리를 살짝 쓰다듬었다.

'그래… 문명의 이기는 때로 사람을 울리기도 하고,

사라진 그리움까지 불러오기도 하지.'

그는 아이를 뒤로하고 잠시 하늘을 올려다봤다.

전쟁으로 얼룩진 대한민국에도,

이제 곧 눈으로 보는 시대가 열린다는 사실이 마음 깊이 다가왔다.

이병철은 아이를 보며 잠시 문명의 이기에 대한 상념에 젖었으나 곧바로 떨쳐버리고 다음 홍보를 위해 서울 본사로 올라왔다.

⁂ TimeCosmos Note

1960년대 대한민국에는 텔레비전 방송국이 존재하지 않았고, 심지어 민간인의 텔레비전 실물 경험도 거의 전무한 시대였다.
'S전자 시제품 1호'의 전국 순회 시연은 S전자의 1970년대 컬러TV 출시 전에도 시연 마케팅의 전통이 있었음을 반영한 설정이다. 실제로 1970년대 흑백TV 시대에도 S전자는 이동 홍보 차량을 통한 시연 마케팅을 활용한 바 있다.

⁂ 역사적 배경

한국 최초의 TV 방송은 1964년 KBS 시험방송이며, 일반 TV 보급은 1970년대 후반 흑백TV부터 본격화되었다. 본 장의 전국 데모 투어는 실존 사례는 아니지만, 한국 영상산업 태동기의 가능성을 10여 년 앞당긴 가상 역사로 설정하였다.
일본의 NHK는 1953년부터 텔레비전 정규 방송을 시작했고, RCA는 1956년 컬러TV 상용화에 성공했다. S전자의 가상 시연은 이를 선도하는 듯한 시나리오로 진행된다.

⁂ 회귀적 통찰

회귀자인 윤진혁(이병철)은 이미 S기업의 철학적 이념이기도 한 '기술의 S기업'을 알고 있었기에 **"방송국 없이도 TV를 먼저 만든다"**는 전략을 취한다. 이건 과거 세계에선 불가능한 순서였지만, 회귀자의 미래에 대한 기억은 그 불가능을 가능하게 만든다.
사실 한 **기업의 흥망성쇠는 기업의 철학과 관계가 깊다.** 예를 들어 S기업의 초기 철학은 '신용' 그 자체에 있었다. 그 **'신용'**은 아무리 S기업이 사업적 손해를 보는 상황이어도 납기일을 반드시 지키는 것에 있었다. 1970년대가 지나 **'기술의 S기업'**으로 철학적 이념이 변화하기는 했지만 이 또한 초기의 철학인 '신용'이 밑바탕이 되어 만들어진 것이기에 **기업의 초기 철학이 기업의 존속에 미치는 영향력은 생각보다 크다고 하겠다.**

"기업의 흥망은 철학에 달려 있다.
철학 없는 기술은 오래가지 못한다."

13장. 기술보다 감동을 주다

1962년 5월 1일.
《ㄷ일보》에 S전자의 광고가 처음으로 실렸다.

"정직하게 만든 제품. 오래가는 제품.
S기업의 약속은 기술보다 앞섭니다."

파란 인쇄지에는 추가적으로 신뢰를 줄 수 있는 설명을 가미했다.
"이 제품은 S전자 기술팀이 최종 점검한 기기입니다. 고장 시, 6
개월 내 무상 수리. 고객의 정직한 선택에, 정직한 책임으로 보답
하겠습니다."

이병철은 **"기술보다 중요한 건 신용"**이라며 서울 종로, 부산 국
제시장 인근에 'S전자 기술 방문 서비스팀'을 국내 최초로 구성
했다.
고장이 나면 고객이 들고 오게 하지 않고, 기술지기 직접 찾아가
진단하고 설명하는 방식. 그 당시로선 정말 엄청난 파격이었다.
아니 세계적으로도 이러한 방식은 10년 이후에나 나오는 서비스
방식이어서 몇 년 후에는 다른 나라에서도 S기업을 벤치마킹하
러 올 징도였다.

어느 날엔, S전자 기술자 김병수는 두 시간을 걸어 알음으로 물어 찾아가 수리해 준 것이 서울 은평구 작은 동네는 물론이고 삽시간에 소제목의 작은 기사 칸에도 올라가 S전자의 찾아가는 서비스는 국내적으로 이슈의 대상이 된 적도 있었다.

그 이야기는 지역신문은 물론 서울 주요신문에도 실려, **'S기업에 전화만 하면 언제나 S전자맨이 달려온다'**라는 최고의 홍보를 해 주었다.

그 시점을 기준으로 1962년 9월에는 국내 전자 기기 점유율 조사에서 S전자 라디오는 서울 지역 기준으로만 판매 1위를 기록하였다.

홍승우는 수치를 들고 회장실로 달려왔다.

"회장님, 이제 사람들이 일본산 제품만 찾는 게 아니라 국내산 S전자 제품도 있냐고 묻기 시작하고 있습니다."

이병철은 미소를 머금은 채 회의실에 임원들을 모아 두 번째 과제를 꺼내들었다.

"이제 우리나라는 몇 년 안에 텔레비전 시대가 반드시 도래할 것입니다. 이제부터는 우리가 국민들에게 어떤 약속을 지켜가고 있는지 보여줄 차례입니다."

서울 종로의 한 전파상가.

가게 유리창 너머로 사람들의 눈이 쏠렸다.

S전자가 개발한 교육용 흑백 텔레비전이 상점 한가운데 놓여 있었고, 그 속에서는 서울시 교육방송국의 시험 송출 화면이 희미하게 흐르고 있었다.

아직 영상은 고르지 못했고, 수신 상태도 불안정했지만, 화면을 바라보는 시민들의 눈빛만은 맑고 반짝였다.

교육용, 군용에 머물러 있던 S전자의 텔레비전이 이제 드디어 민간 시장으로 진입할 때가 된 것이다. 하지만 문제점은 여전히 많았다.

텔레비전 수요는 있었지만, 대한민국 가정의 경제 사정은 열악했다. 제품 단가도 아직은 높았고, 방송 환경도 미비했다. 이병철은 이 문제를 풀기 위한 해법을 세 가지로 정리해 제시했다.

첫째, 제조 단가의 절감을 위해 일본으로부터의 부품 직수입 대신 국산 부품업체를 최대한 육성하기로 한다.

둘째는 할부 구매 시스템의 도입 등 신용 기반 거래를 통해 서민층도 텔레비전을 소유할 수 있도록 설계한다.

셋째는 방송 콘텐츠와 연계된 '텔레비전 사용의 가치'를 확산시키고 정보, 교육, 가족 여가라는 세 가지 키워드를 중심으로 **국민 계몽형 콘텐츠 기획**에 착수하도록 한다.

"사람들은 아직까지는 TV를 고가의 사치품이라 생각하는 것 같습니다."

김 실장이 조신스럽게 말했다.

"그렇기에 더더욱 우리는 TV가 무엇인지를 국민들에게 적극적으로 알려줘야 하네." 이병철은 단호하게 말했다.

"이건 단순히 움직이는 바보 상자가 아니라 저녁 시간대는 가족이 함께 드라마를 보고, 뉴스를 보며 생각을 나누고, 세상 이야기를 만나는 통로로 사람들에게 인식토록 해야 하네. 'TV가 있는 집'이 아니라, 'TV로 인해 달라진 집'을 만드는 것이 우리 S전자의 목표일세."

1963년 초, S전자는 국내 최초의 민간용 흑백TV 모델 **SM-101**을 발표했다. 전생과 비교했을 때 L사의 흑백 모델인 "VD-191"보다 3년이나 앞선 결과물이었다. 물론 서양과 비교했을 땐 수십 년이나 뒤진 상업적 생산이었지만 말이다.

S전자는 현재 판매 중인 서양 제품과 비교해서도 29cm 규격의 흑백 브라운관에 수신 튜너 내장 및 회전식 음량 조절 장치와 사운드 음향도 한층 향상시켰다.

무엇보다 **SM-101** 모델은 전국 최초로 월단위의 할부 구매가 가능했다. 그로 인해 서울 내 3개 전파상에서 우선 출시되었고, 열악한 국내 상황에서도 300대가 한 달 만에 완판되는 기염을 토했다.

물량이 많지 않았지만, 'S전자 TV는 예약하지 않으면 구입이 불가능하다'는 소문이 돌기 시작했다.

이병철은 이 현상을 일시적 유행이 아닌, 시대의 문화적 신드롬 현상으로 만들고 싶었다.

그래서 다음 목표 과제를 제시했다.

"앞으로 6개월 안에, 대한민국 5천 가구에 텔레비전이 들어가는 게 목표입니다."

이제 S전자의 싸움은 '제품을 만드는 싸움'에서 **'사람의 생활을 바꾸는 싸움'**으로 옮겨가고 있었다.

1963년 말, S전자는 대중형 모델 **SM-102**를 추가로 출시했다. 이번에는 TV 상단에 라디오를 결합한 복합형 모델이었다. 전기 사정이 좋지 않은 지역엔 축전기 내장형 모델도 별도로 개발되었다. 이병철은 기술보다 더 중요한 것이 있다고 여겼다.

바로, 인간의 편의성을 극대화하는 기술만이 진정한 기술이라고 생각한 것이었다.

"기술이 사람을 이끄는 게 아닙니다. 사람이 기술을 받아들일 준비가 되었을 때 그 기술은 진짜가 될 수 있습니다."

한 해가 저물어가는 송년회에서의 강연 중 발언의 일부분이었다.

그해 겨울 막바지, S전자는 자체 통계로 대한민국 가구 수천 명 중 5,247가구가 자사 텔레비전을 사용하고 있다는 보고를 받았다.

그 숫자는 적었지만, 그 영향력은 조용히 한국 사회의 지도를 바꿔가고 있었다.

⁂ TimeCosmos Note

실제 S전자는 1969년 설립되었고, 흑백TV의 양산은 1970년대 중반이다.

본 장에서의 1955년 브랜드 전략(CI), 로고, 고객 중심 A/S 제도, 교육용 TV 납품, 군부대 시청각 기자재 도입, 할부 판매 방식 도입은 모두 실제 1970~80년대에나 등장한 전략들을 회귀자의 선제 행동으로 서사화한 것이다.

"S전자맨", "찾아가는 A/S"같은 표현은 기술의 정서적 가치를 의인화한 대표적 장치로, S전자 브랜드와 소비자 감정 간 거리를 효과적으로 좁히는 데 큰 영향을 끼쳤다.

⁂ 역사적 배경

1950년대 중반 한국은 여전히 전후 복구 기간으로, 1인당 국민소득은 극도로 낮았으며 전자 기기는 대부분 미군 중고 제품이거나 일본 수입품이었다.

이 장에서 TV가 교육과 국방용으로 납품되는 시나리오는 현실적으로는 1960년대 후반~70년대 초반의 상황을 기반으로 픽션화된 것이고 할부 판매 방식, 방문 수리 서비스, 국산 부품 육성은 모두 1960~70년대 한국 대기업들의 실제 경영 전략 중 하나였으며, 이병철이 실제 강조한 '국산화' 철학과 정확히 맞물린다.

⁂ 회귀적 통찰

이 장에서 회귀자인 윤진혁의 판단은 단순히 '기술을 앞당기는 것'에 머물지 않는다. 사람들의 생활, 정서, 제도, 교육 방식까지도 전환하려는 **총체적 문화 혁신자**로 변모하고 있다.

이러한 혁신 의도는 당시 국민의식의 전환 없이는 제품 판매 또한 허울에 불과하다는 것을 **정확히 꿰뚫어본 통찰력의 진면목**이라 하겠다.

할부 판매, TV-라디오 결합형, 축전기 내장형 TV 등의 선행적 제품 전략은 당시에는 없던 것들이지만, 미래에 반드시 등장할 환경을 알고 설계한 윤진혁의 장기적 시나리오로 사회문화의 변화를 열망하는 의도가 담겨 있다고 하겠다.

"미래의 제품은
오늘의 환경 속에서가 아니라,
내일의 사회를 상상하며
설계해야 한다."

14장. 실수해도 회복 가능한 시스템을 만들다

1964년 11월,

이병철은 부산항을 통해 시모노세키로 건너갔고, 오사카 인근 사카이에 있는 전자 부품 회사 야마노전기의 중역 '고다마'를 찾았다.

과거 S제당에서 설탕 무역 때부터 관계를 맺었던 인물이었다.

그는 처음부터 냉담했다.

"이병철 상, S물산이 이번엔 라디오도 아니고 텔레비전이라니. 정말로 놀라울 따름입니다. 하지만 한국 땅엔 아직 방송국도 없 잖습니까."

그는 우리말 '씨'에 해당하는 '상'이라는 말을 이름에 붙였다. 아무리 과거 인맥으로 부른 호칭이라지만 명백히 이병철을 낮춰보는 말이었다.

이병철은 내색 없이 꺼내온 트렁크를 열었다. 그 안에는 TV 1호기 브라운관 사진과 구조도, 고장 리포트, 수리 대응 규정까지 자세히 담겨 있었다.

"우린 우리나라에서 새로운 TV 시장을 선도하며 만들고 있습니다. 아직은 작지만, 내수 시장에서 발전하고 성장한다면 틀림없이 세계에서도 부끄럽지 않은 시장이 될 수 있을 것입니다.

만약 야마노전기에서 저렴한 공급 가격으로 부품 공급을 해준다면 몇 년 안에 고다마 사장도 충분히 흡족해 할 것입니다."

고다마는 무심한 표정으로 한참 동안 이병철이 넘겨준 수리 대응 서류 목록을 천천히 넘겨보더니 마지막엔 놀랐다는 표정으로 말했다.

"하, 이병철 상! 이렇게 꼼꼼한 TV 수리 대응 기록은 일본 회사에서도 찾기 힘듭니다. 정말 놀랍습니다. 조선이라는 나라에서 물산기업이 이 정도로 대응 체계를 갖추고 있을 줄은..."

고다마는 놀란 얼굴을 들어 이병철에게 말했다.

"좋습니다. 만약 S전자에서 1년 내 5,000대 이상을 제작하고 선금 60%를 결제해 준다면 저희 야마노전기에서 소형 진공관 여분 포함 1만 개, 저가 브라운관 5,000대를 저렴한 공급 가격으로 우선 공급하겠습니다. 대신 S전자는 1년 내 5,000대 이상을 제작해야 하고 만약 판매 실패 시, 부품 하자 등 그 손해는 전적으로 S전자 측 전액 부담입니다."

곁에 있던 김 실장이 경악한 표정으로 한국말로 이병철에게 말했다.

"회장님, 이건 너무 위험한 거래입니다. 우린 아직 월 100대도 간신히 조립하고 있습니다."

이병철은 고다마를 똑바로 바라봤다.

"딜을 성사시켜 줘서 고맙소. 이 조건은… 도전이 아니라 기회로 받아들이겠습니다."

고다마는 놀란 듯 허탈하게 웃었다.

"허허, 이 딜을 이병철 상 아니 이병철 사장은 받는군요. 어떻게 보면 이병철 사장은 무모한 신념가 아닙니까. 만약 이병철 사장... 아니 S전자가 우리의 조건을 성사시킨다면 다음부터 전적으로 S전자와만 거래하겠습니다."

서울로 돌아오자마자 이병철은 전체 회의에서 '야마노 계약' 내용을 공개했다.

- 1년 내 TV 생산 목표: 5,000대
- 일본 부품 도입 시기: 3개월 내
- 조건 미달 시 → 선금 60% 결제 및 판매 손해금 전액 부담

기술반과 영업반은 술렁거렸지만, 이병철은 침착히 말했다.

"우린 이제 '한국에서 최초'라는 말을 넘어, 세계와 경쟁하는 이름이 되어야 합니다. 그러려면, 지금이 **'진짜 대량 생산 대량 판매의 시작'**입니다. 그러기 위해서는 본격적인 생산 시스템의 개혁을 통해 우리에게 부여된 생산 목표를 반드시 달성하도록 해야 합니다."

1964년 12월, 수색 공장.

창고 안은 아직 어두웠다. 기계는 조용히 숨을 고르고 있었고, 기술반은 공구와 인두를 든 채 하나둘 모여들고 있었다.

이병철은 가장 먼저 도착해 있었다. 그는 천천히 공장 안을 걸으며 기계를 하나씩 쓰다듬었다. S전자 기술반과 무역팀, 인사팀, 그리고 설비 담당자까지 실무진이 모두 모인 회의실.

이병철은 회의 시작과 동시에 종이를 한 장 꺼내 테이블 위에 펼쳤다.

그는 묻지 않고 발표했다.

[S전자 5,000대 생산 체계 개요안]
  - 생산 목표 → 12개월 내 5,000대 생산 (월 최소 300대씩 →
  점진 상승)
  - 조립 방식 → 작업별 분업 도입 / 매뉴얼화 / 반복 숙련 중심
  - 인력 구성 → 총 65명 증원→ 조립 40 / 품질 10 / 물류 10 /
  A/S 5
  - 품질 전략 → 첫 불량률 10% 도전 → 분기별 2% 단위 개선
  목표

"지금부터 S전자는 단순 기술자가 아니라, 매뉴얼을 익힌 숙련된
작업자 위주로 회사를 움직입니다."
이병철의 지시는 명확했다.
생산 혁신을 통해 S전자 표준조립법(S-MOD) 도입을 선진국형
으로 변모시키는 것이 목표였다.
홍승우는 'S전자 조립 작업순서도' 표준안을 매뉴얼로 만들었다.
각 부품의 조립 순서, 공구 선택, 납땜 온도, 검수 포인트, 클리닝
방법까지 세부 매뉴얼화되었다.

표준조립법에 대해 이병철은 이렇게 말했다.
"표준조립법이란 한두 사람이 실수하고 혹은 결근해도 회복 가
능한 구조를 만든다는 뜻입니다. 앞으로 작업 공정의 매뉴얼화는
물론이거니와 작업 시간 또한 매뉴얼 시스템을 갖춰 제품의 하자

나 오류를 최소화하도록 합니다."

공장에는 이병철의 이와 같은 지시로 그전까지의 주먹구구식 진행 과정에서 벗어나 매뉴얼화된 시간에 맞춰 작업 과정을 세분화하였다.

- 아침 7시: 작업 준비
- 9시~11시: 1차 조립
- 12시~1시: 점심
- 1시~4시: 마감 조립 및 테스트
- 5시: 결과 보고 및 개선 회의

마침내 생산일지에는 하루 30대 조립 성공이라는 문장이 아로새겨졌다.

그러나 문제는 브라운관!

불행하게도 5월 초, 일본산 야마노 전기의 저가 브라운관 중 일부에서 화면 중앙의 잔상이 사라지지 않는 '**고정후광 현상**'이 발생했다.

새로운 매뉴얼을 교육받은 작업팀장은 고개를 들며 말했다.

"일본 제품이 보나시피 완벽하지는 않습니다. 우린 이제, 고치기만 하는 게 아니라 좀 더 분석해 자체적으로 문제를 해결해야 합니다."

기술자들은 그 사건 이후 브라운관 열변화 시뮬레이션을 도입하고, 표준기록지에 '**화면 지속상태 체크표**' 항목을 추가하여 고정후광 현상의 괄목할 만한 개선을 만들어내었다.

1964년 9월, 드디어 S전자 영상기기 4000호기가 생산되었고 기계 옆에는 손글씨가 적힌 종이가 붙어 있었다.

'4000호기 생산 축!'

제품은 검수에 검수를 하여 불량 없는 제품을 최종적으로 확정하였다.

이때만큼은 기술반, 생산반, 품질반이 따로 일하지 않고, 매주 한 팀처럼 '교차 개선 회의'를 열며 하나의 목표를 향해 달려갔다.

그리고 1964년 11월.

S전자의 누적 생산량 4,850대로 남은 수량은 불과 150대.

지금대로의 작업속도라면 최소 일주일 안에는 생산을 완료할 수 있을 것이다.

이러한 생산 실적은 본래 고다마가 제시한 1965년 1월 초보다도 2개월 이상 빠른 시점이라 할 수 있었다.

⁂ TimeCosmos Note

본 장은 실제 S그룹의 제조 혁신, 표준조립체계 도입, 일본과의 기술 제휴를 다뤘다.

"야마노 전기"는 가공의 기업이지만, 현실의 히타치, 마쓰시타, 도시바 등 일본 중견 전자 회사들과의 부품 공급 협력 관계를 모티브로 하고 있다.

'5,000대 생산 계약', '브라운관 잔상 이슈', '표준조립법(S-MOD) 도입', 부품 현지화 시도, 일일 생산계획표 도입 등은 이후 S그룹이 실제로 1960년대 후반~70년대 초 도입했던 품질관리 및 TQC (Total Quality Control) 개념을 훨씬 선행된 시점에 픽션화한 것이다.

⁂ 역사적 배경

1960년대 대한민국은 전후 복구와 산업화 초기 국면으로, 본격적인 제조 기반은 없었으며 전자제품은 대부분 수입 조립 의존 상태였다.

실제로 S그룹은 1960년대 후반부터 일본 기업들과의 기술제휴를 통해 흑백 TV를 생산했고, 1970년대에 들어서서야 자체 생산 시스템을 구축했다.

⁂ 회귀적 통찰

"고다마의 5,000대 계약"을 무모한 도전이 아니라 "선행된 조건부 시장 확대 전략"으로 인식한 윤진혁의 태도는 통찰력 있는 사람만이 할 수 있는 판단이다.

'야마노'와의 계약은 단순한 부품 계약이 아닌, 국제시장 진입을 위한 첫 신뢰 계약이었다. 윤진혁은 이를 통해 한국이 부품 종속이 아닌 '기술 프로토콜 설계'의 주도자가 되도록 유노한다.

"시장보다 신뢰를 먼저 만든다", "작업자는 기계가 아니라, 품질의 기준이다", "실패가 아니라 반복 가능한 프로세스를 만드는 것"은 모든 제조경영에서 핵심이 되는 철학이다.

부품 불량 발생 → 자발적 시뮬레이션 도입 및 매뉴얼 개선 과정은 조직 내 자율적 품질문화의 탄생을 의미하며, 이후 S그룹의 품질 경영전략의 초석과도 맥을 같이 한다.

"생산 혁신은 제품의 완성도를 올리는 것이 아니라, 조직이 학습하게 만드는 것"이라는 메시지는 **현대의 Lean 생산, Kaizen(개선) 시스템, TQM 철학과 궤를 같이 한다.**

"실패를 두려워하지 말고,
반복 가능한 프로세스를 만들라.
그것이 품질의 씨앗이다."

$$\boxed{\!\!\!} + \textcircled{\!\!\!} = \alpha_+$$

15장. S전자, 기술을 넘어 관계를 맺다

1965년 01월, 도쿄 신주쿠 – 전자산업 박람회
S전자는 처음으로 해외 산업 박람회에 단독 부스를 냈다.
비록 제품은 단 두 종류에 불과했지만 말이다. 일본의 야마노 전기는 대형 부스로 참가했다. 지금의 S전자와는 비교 불가할 정도의 커다란 규모였다.
이병철은 그곳에서 고다마를 다시 만났고, 두 사람은 이번엔 공식 회의실이 아닌 한적한 찻집에서 마주 앉았다.
고다마는 조용히 입을 열었다.
"이병철 사장, 이번 납품 생산은은 정말 성공적이었습니다. 회사 내에서도 한국이라는 전쟁 후 폐허의 나라에서 이 정도의 제품을 생산하는 것을 기적이라고 보고 있습니다. 그동안 저희가 그쪽을 낮춰 본 것에 대해 진심으로 사과하겠습니다."
고다마는 과거 이병철을 낮춰 본 것에 대해 진심으로 사과하며 일어서서 허리를 굽혔다.
"그래서… 이번엔 제 개인적인 생각이지만 이병철 회장에게 좋은 제안을 하나 해보고 싶습니다."
그는 빙긋 웃으면서 도면을 꺼내들었다.
거기엔 일본의 고사양 소형 라디오 회로에 'S전자형 전원 모듈'이 적용된 혼합 시제품 기획안이 있었다.

"제가 분석한 바에 의하면 귀사에서 개발한 변압 모듈이 단순하지만 꽤나 안정적인 편입니다. 만약 이걸 우리 제품에 적용한다면, 내년 하반기부터 아시아 시장에서 공동 판매가 가능할지도 모릅니다."

이병철은 도면을 오래 바라보다 고개를 들었다.

"한 가지만 물어보겠습니다. 그게… 'S전자와 야마노'라는 이름을 나란히 새기는 걸 의미합니까?"

이병철의 이 말은 두 기업이 대등한 관계에서 기술 협력을 할 수 있느냐를 묻는 것이었다.

고다마는 고개를 끄덕였다.

"맞습니다. 전면 브랜드는 우리 것이 되겠지만, 후면 각인에는 'Samsung Electronics'가 들어갈 수 있습니다. 물론 여기에는 반대가 있을 수 있습니다. 이병철 회장도 대한민국 국민을 설득해야겠지만 우리도 내부 설득이 절대적으로 필요하다는 것입니다. 그래도 제 생각엔 이 기회에 한번 설득에 나서는 것이 서로를 위해 어떨까 싶습니다."

이병철은 고다마에게 생각할 시간을 달라고 요청한 후 즉시 귀국하여 임원들을 소집했다.

관리부 이광수 이사는 찬성했지만, 김 실장은 반대했다.

"브랜드를 공유한다면 우린 계속 일본의 후광 아래에서 벗어나지 못하지 않겠습니까? 소비자는 일본 제품인 야마노만 기억하게 될 겁니다."

이광수 이사는 달랐다.

"하지만 이 기회를 통해 S전자의 기술이 일본 내에서도 공식적으로 유통되기 시작한다면… 반대로 우리의 '이름을 각인시킬 기회'가 올 수도 있습니다."

이병철은 둘을 말없이 바라보다가 말했다.

"그래서 지금 우리가 이 문제를 어떤 방향으로 풀어가야 할지 선택해야 한다네. S전자의 이름만 남기고 사라질 브랜드가 될 건지, 이름을 밟고 올라설 이름이 될 건지 말일세."

그러나 1965년 6월 22일 전까지도 한일 국교는 아직 정상화되지 않았고, 그로 인해 대한민국 정부인 산업부와 외무부에서도 우려의 기류가 흘러나왔다.

"지금 일본 기업과 기술 공동 개발을 한다면, 정치적 비판과 언론의 공격이 따를 수도 있습니다."

그럼에도 이병철은 직접 서울시청 기자실을 찾아가 담대한 발표를 했다.

"S전자는 일본과의 기술 교류를 산업 독립의 교두보로 사용하고자 합니다.

만약 우리가 그들에게서 배우지 못하면, 우리는 미래에도 계속 기술을 수입만 할 뿐입니다. 그렇게 되면 우리는 영원히 기술 종속국에서 벗어나지 못할 것입니다."

그러나 엉뚱하게도 일본 야마노 본사 이사회에서 정치적 부담과 기술 유출 우려라는 핑계로 합작 프로젝트의 대등한 기술협약 관계를 부결시켜버렸다.

후면 각인, 공동 유통, S전자 기술의 사용 등 모든 것이 취소되었다.

고다마는 사과하며 이병철에게 이렇게 말했다.

"우린 회사 내부에서 이 사장…아니 대한민국이라는 나라에 대해 설득하지 못했습니다. 하지만… 난 믿습니다. 지금의 S전자라면 언젠가 우리와 대등한 협력자의 관계가 되리라는 것을."

이병철은 오히려 손을 내밀며 웃었다.

"그때가 오면, 당신이 우리의 대등한 첫 고객이 되면 좋겠소."

S전자는 야마노 전기와의 협력 관계를 '중단'이 아닌 '정지'로 정리했다.

하지만 S전자가 잃은 것만 있었던 것은 아니었다. 이미 확보한 것은 다음과 같았다.

일본 부품 유통 루트 3개 확보, 일본식 QC 시스템 도입, 고급 테스트 기기 임대 계약, 내부 표준 작업 프로세스 완성도 상승.

이병철은 기술반 회의에서 단호히 말했다.

"우린 이번에 기회를 잃은 게 아닙니다. 우린 이번에 일본의 벽을 확인했고, 다음엔 '변화'라는 이름의 사다리를 만들면 충분히 넘을 수 있다는 것을 이 기회에 확인하게 된 것입니다."

⁂ TimeCosmos Note

실제로 S그룹은 1960~70년대 일본 기업과 수많은 기술 도입 및 OEM 계약을 추진했고, 그 과정에서 많은 제약과 좌절을 경험했다.

"브랜드를 공유할 것인가", "정체성을 지킬 것인가" 하는 논쟁은 한국의 모든 중소·중견 기업이 겪는 근본적 갈등이라고 할 수 있다.

특히 이병철이 기자실을 찾아가 발표문을 직접 전달한 장면은 픽션에 해당하지만, 그의 신념과 결단력을 드러내는 상징적 장면이라고 할 수 있다.

⁂ 역사적 배경

1965년 6월 22일, 한일기본조약 체결로 국교 정상화가 이뤄졌다. 이전까지는 공식적 기술·자본 교류가 불가능한 상태였고, 정치적으로도 한일 협력은 민감한 사안이었다.

S그룹은 1969년 'S그룹-NEC 합작'으로 S전자 출범, 이후 일본 기업과의 기술 제휴가 본격화되었다.

실제 한국 내에서도 일본과의 기술 협력은 비판적 시선과 민족감정의 충돌이 뒤섞여 있었으며, 이 장에서의 내부 반대론(김 실장)과 기회론(이광수 이사)의 논쟁은 시대상을 반영한 현실적인 고민이었다.

⁂ 회귀적 통찰

"우리가 이름을 남기고 사라질 것이냐, 이름을 밟고 올라설 것이냐"는 발언은 강력한 브랜딩 철학이 담겨진 말이다. 이 발언은 기술만이 아니라 '이름'만으로도 기업의 자산이 될 수 도 있다는 것을 암시한다.

윤진혁은 이 시점을 단순히 "기술 협력의 기회"가 아니라 민족 정체성과 자립 의지를 시험하는 무대로 삼고 있다.

"브랜드는 기술보다 먼저 각인된다", "관계는 실패에서 교훈을 얻는 법", "잃은 것이 아니라 한계를 확인한 것"이라는 윤진혁의 사고는 미래를 내다보는 초월적 관점을 드러낸다.

또한 야마노 전기의 합작 거절을 오히려 S전자의 내부 역량 강화, 국산화 전략 가속화의 계기로 삼는 구조는 예지 능력을 가진 자의 통찰적 사고의 결과물이다.

"잃은 것이 아니라,
한계를 확인했을 뿐이다.
그것이 통찰의 시작이다."

16장. 통찰력으로 인재제일주의를 만들다

S전자의 낡은 사무실에 새로운 공기가 돌기 시작한 건,
진혁이 '변화'라는 말을 꺼낸 그날 이후였다. 그러나 변화는 말만
으로 오지 않았다. 무엇보다 먼저 손을 대야 할 곳은, 바로 S전자
내부였다.

"김 실장, 인사 기록 전부 다시 정리해 봅시다."

"어떤 기준으로 할까요?"

"역할과 책임…! 누가 무슨 일을 하고 있고, 그 일이 실제로 성과
로 이어졌는지를 기준으로 합시다."

며칠 뒤, S그룹 전 직원에 대한 1차 역량평가 최초 평가 결과가
나왔다.

총 43명 중, 단 11명만이 '핵심' 업무를 수행하고 있었고,
나머지는 겹치는 역할이거나 명확한 업무가 없이 그저 '관성'에
기대어 일하고 있었다.

"이 중 일부는 다른 방식으로 살릴 수 있지만… 그 외엔 구조조정
이 불가피한 상황입니다."

이병철은 무겁게 고개를 끄덕였다.

"그래요. 지금처럼 가면 언젠가는 안에서부터 무너지게 돼 있습
니다."

그는 며칠 밤을 새워, 'S전자 재정비 계획안'이라는 보고서를 식

접 손으로 써내려갔다.

거기엔 단순히 사람을 자르고 비용을 줄이는 게 아니라, 회사의 핵심 기능을 재정립하는 개념이 담겨 있었다.

기존 영업 인력을 정리하고, 시장조사 중심의 정보조직 신설 및 물류창고, 자재 관리를 외주화하고, 회계와 재무 부서를 분리하고, 비용 구조를 투명화하는 등의 내용이었다.

그리고 거기에 더해 교육 전담 인력을 배치하고, 신규 채용 시 일정 기간 훈련 이수를 의무화하였다.

'**전략기획실**'이라는 소규모 기획조직이 신설되자 임원들이 당혹스러워했다.

"기획조직이요? 우린 정부 부처도 아닌데…"

윤부장이 당혹스럽게 말했을 때, 이병철은 단호히 말했다.

"앞으로 이 기획실이 우리 회사의 머리가 됩니다. 우리는 더 이상 물건만 팔지 않을 겁니다. 무엇을 만들고, 왜 만들고, 왜 팔아야 되는지를 철학적으로 고민하고 우리만의 색깔을 입힐 겁니다. 이제는 단순히 물건만 잘 만들어서 많이 판다고 끝나는 게 아닙니다. 우리는 이제부터 S전자의 이름을 팔고 있다고 생각해야 합니다."

이병철의 의지에 따라 S전자는 하루가 다르게 바뀌어 갔다. 책상 배치가 바뀌고, 팀 간 회의가 늘었으며, 점심시간마다 직원 교육 세션이 마련되었다.

몇몇 사람들은 처음엔 불만을 토로했다. 왜 잘 하던 방식에 또다시 손을 대어 힘들게 하냐고.

하지만 한 달이 지나자, 그런 분위기가 싹 달라졌다.

"일이 점점 더 효율적으로 돌아갑니다."

"회의할 때마다 책임감이 생기니까 일하는 마음가짐도 달라지네요."

"기획실 직원들이 요즘 진짜 일 많이 해요. 이젠 뭘 할지 고민하는 회사가 된 것 같아 뿌듯합니다."

그 변화의 중심엔 언제나 이병철이 있었다.

그는 말없이 노트를 펴고 직원들의 이야기에 귀를 기울였고, 누군가 불만을 말하면 항상 진중하게 메모했다.

"사람이 불편하다는 건 변화가 시작됐다는 증거입니다. 그것은 당연한 현상입니다. 하지만 불편하다고 해서 그 자리에 머물러서는 안 됩니다. 기업은 마치 꿈틀거리는 생명체와 같아서 잠시만 멈춰 있어도 안에서 썩어 들어가기 일쑤입니다."

그가 문득 남긴 이 말은 사내 게시판에 누군가에 의해 손글씨로 붙여졌고, 그날 이후 S물산에는 **'변화란 불편함을 감수하는 용기다'**라는 말이 자주 들려오게 되었다.

1962년 봄, 구조조정과 재편은 마무리 단계에 들어섰고, 이제 S전자는 '누구인지'보다 '무엇을 할 수 있는 사람인지'로 인력을 평가하는 회사가 되었다.

1966년 여름, 서울과 인천 사이의 허허벌판에 직은 칠제 울타리가 세워지기 시작했다.

표지판에는 이렇게 적혀 있었다.

'S전자 제1전자부품 조립공장 부지정리 – 공사 중'

사실 그동안 S전자는 기본적인 부품을 제외한 대부분의 핵심 전자 부품을 일본에서 수입해 조립해와야만 했다.

저항, 커패시터, 튜브, 케이스 등…

이 부품들은 그 어느 하나도 국내에서 제대로 만드는 곳은 없었다. 수입 가격은 해마다 오르고, 환율은 불안정해져갔다. 무엇보다도 일본 공급업체의 작은 계획 조정 하나에도 국내 생산 라인이 멈추기 일쑤였다.

"이러고서야 우리가 언제까지 남의 나라 공장 노릇만 하겠습니까?"

이병철은 어느 날 회의석상에서 단단히 화가 난 채 말했다.

"우리가 제대로 만들기 전까진, 그들은 진심으로 우리를 동등한 파트너로 보지 않아요."

아직은 도면을 그릴 기술자도, 기계를 다룰 기사도 태부족했다. 하지만 이병철은 낙담만 하지 않고 직원들과 함께 대학과 공업학교를 직접 돌며 추가로 인력을 뽑았고, 최신 일본 기술 서적과 번역서를 다량으로 들여왔다.

S전자 제1부품공장에서는 하루 종일 기초 실험과 실패가 반복되었다. 가장 기본적인 저항 하나를 만들기 위해 도자기, 동판, 절연체, 온도 조건을 바꿔가며 수백 번의 시도가 있었다.

"하나라도 우리가 직접 만들 수 있게 되면, 그건 누가 뭐래도 '**우리 것이지 남의 것이**' 아닙니다."

직원들은 피로에 지쳐 쓰러지기도 했지만, 그는 절대 재촉하지 않았다.

대신 매일 작업일지를 직접 확인하며, 작은 진전이라도 생기면 놓치지 않고 직원들을 칭찬하여 사기를 북돋웠다.

기술이 지속적으로 발전하기 위해선 기계보다 사람이 먼저라는 것을 그는 기본적으로 이해하고 있는 사람이었다.

"기계는 당장이라도 사올 수 있지만, 사람은 수십 년이 지나도 제대로 키울까 말까 합니다."

그는 그렇게 말하며, S전자 부서 역사상 최초의 사내 기술자 교육 제도를 제안했다.

이후 '기술훈련과'라는 이름으로 첫 기술교육 부서가 만들어졌고, 각 공장마다 일정 인원을 선발해 체계적인 시스템의 기술 교육을 시작했다.

그러나 그는 국내 교육 시스템만으로는 한계가 있다고 보았다.

그래서 그가 떠올린 두 번째 전략은, 해외 유학생 파견 프로그램이었다.

당시로서는 파격적이게도, S전자는 회사 예산만으로 공과대학 졸업생 5명을 일본 오사카의 전자기술학교에 유학 보내기로 결정했다.

이를 두고 사내 일부에서는 반대 의견이 거셌다.

"회장님, 회사돈 들여 유학 보낸 직원들이 안 돌아오고 다른 나라나 경쟁 업체로 빠지면 어떡합니까?"

"회장님, 죄송한 말씀이지만 지금은 유학을 보낼 여유가 없습니다. 우선 눈앞의 수주부터 해결하셔야…"

하지만 이병철은 단호했다.

"사람을 못 믿으면 아무 일도 못 합니다. 지금 우리가 해야 할 일은 단지 '일하는 사람'이 아니라 '제대로 일할 줄 아는 사람'을 만드는 겁니다."

그는 S전자 본사 인사부를 통해 **'능력 중심 채용제'**도 단계적으로 도입하기 시작했다.

출신 학교나 배경보다, 실제 수행 능력과 잠재력을 기준으로 평가하는 체계였다.

이로 인해 기술계 인력들이 오히려 본사 기획실과 재무실에도 배치되는 혁신적인 변화가 일어나기도 했다.

그 중 몇몇은 이러한 변화에 힘입어 훗날 S전자의 중추자원으로 성장하게 되기도 한다.

1967년 말, 이병철은 '사람에 투자한 1년'을 되돌아보며 내부 전략회의에서 이렇게 정리했다.

"기술의 시대가 오고 있습니다. 하지만 그 기술을 만들고 지키는 건 결국 사람입니다. 더 진지하게 투자해야 할 자산은 땅 같은 부동산이 아니라 사람, 또 사람입니다."

그의 통찰력 넘치는 이 말은 훗날, S전자의 **'인재 제일주의'**라는 철학의 근간이 되어 글로벌 인재 회사로서의 차별점을 극대화한다.

S전자 내부 구조조정 및 기획 조직 신설은 실제로 S그룹이 10년 후부터 실행한 혁신 경영 시스템과 유사하다. 특히 기획실 중심의 전략 조직 강화는 훗날 S그룹의 의사결정 체계의 핵심이 되는 '미래전략실'의 전신 같은 구조이다.

'사람이 기업의 자산'이라는 철학은 실제 이병철의 경영 원칙과 매우 닮아 있으며, '인재제일주의'라는 구호는 S그룹의 핵심 경영 이념으로 이어진다.

'기술훈련', '해외 유학 파견', '능력 중심 채용제'는 당시로서는 이례적이지만, 실제로 S그룹은 일본에 인재를 유학 보냈고 기술 인력을 적극 양성한 것으로 알려져 있다.

특히 '출신 학교보다 실력 중심'의 채용은 1960년대 후반~70년대 S그룹의 인사 원칙 변화와 맞물려 있다.

✲ 역사적 배경

1960년대 중반, 한국은 수출 산업 육성과 중화학공업 기반 조성을 본격화하던 시기였으며, 전자 산업의 국산화 시도가 막 시작되던 단계였다.

대부분의 전자 부품은 여전히 일본 또는 미국으로부터 수입했으며, 국내 부품 제작 인프라는 미비했다.

이병철은 1969년 S전자를 설립하면서 본격적인 국산 전자부품 생산기지를 기획했고, 그 밑바탕은 인력 양성과 조직 개편이었다.

'제1전자부품 조립공장'이라는 설정은 이후 S전기, S전지의 공장 설립 배경과 일맥상통한다.

또한 당시 한국 사회는 학벌 중심의 문화였지만, 산업 현장에서는 기능 중심, 실력 중심의 인재 채용이 새로운 산업화를 이끌며 새 흐름으로 자리잡기 시작했다.

⁂ 회귀적 통찰

윤진혁의 시점에서의 인재경영은 단순히 회사를 '살리는 것'이 아니라, 미래의 S전자가 세계 정상에 설 기반을 심는다는 전략적 사고가 깔려 있다.

당시로선 경제성이 낮고, 성공 가능성이 불확실한 부품 국산화와 유학 투자를 강행하는 결정은 통찰력 있는 자만이 할 수 있는 선택이다.

이 장에서는 단기 생존보다 중장기적 역량 축적의 중요성, 즉 '속도'보다 '방향'을 중시하는 철학을 현실에 접목하는 윤진혁의 실전 경영편이라 할 수 있다.

결국 **'사람에 투자한 1년'**은 수십 년 뒤 글로벌 리더가 되기 위한 필연적 준비의 시간임을 보여준다.

"속도보다 중요한 것은 방향이다.
인재에 대한 투자는 기업의 나침반이다."

17장. 주인의식으로 회사를 망하지 않게 하다

새벽 공기는 아직 차가웠다. 이병철은 양복 안주머니에서 조용히 손을 빼 책상 서랍을 열었다. 안에는 깨끗이 정리된 조직도와 인사 기록표, 그리고 몇 줄의 회의용 메모가 담긴 노트가 있었다.

며칠 전 단행한 구조조정은 순식간에 회사 안팎의 분위기를 단박에 뒤흔들었다.

사람도 바뀌었고 조직도도 새로 짜였다. 그런데 묘하게, 공기는 여전히 무거웠다.

"사람은 갈아넣었는데… 왜 내 생각대로 안 움직이는 거 같지?"

이병철은 창밖을 바라보았다. 멀리 세운 철탑 위로 이른 아침 연기가 흐르고 있었다. 전쟁은 끝난 지 꽤 되었지만 나라 전체로 봤을 땐 아직 안갯속을 걷고 있었다.

이병철은 잠시 고민하더니 기획실에 직접 지시했다. 앞으로의 분과별 직원회의도 토론식으로 진행하고 그 결과를 직접 자신에게 보고하라고…

그 다음날부터 회의실에 앉은 직원들 사이엔 평소와 다른 긴장감이 감돌았다.

이번 아침 회의는 그 전과 달랐다. 책임자 몇 명만 모여 들여다보던 숫자를, 이젠 전 직원이 이해하고 토론해야만 한다.

"이번 달 물류비가 예상보다 18% 높게 나왔습니다. 이유는… 죄

송합니다. 아직 확인 중입니다."

재무팀 박 과장의 말에 방 안은 일순 정적에 휩싸였다.

이광수 이사는 고개를 끄덕이며 물었다.

"박 과장이 판단하길, 이건 한 번 뛴 숫자라 생각하는 거지요? 아니면 구조적으로 계속 나올 숫자라는 거요?"

박 과장은 입을 다물고 고개를 숙였다.

그 순간, 옆자리에 앉은 젊은 이승우 대리가 조심스레 말했다.

"최근 인천항에서 하역 지연이 많았습니다. 물류가 묶이는 시간이 예정보다 2일 이상 길어져서 발생한 단기적인 상황이라고 봅니다."

이광수 이사의 눈빛이 이 대리에게로 향했다.

"좋습니다. 이 대리가 이번 주부터 물류 보고 책임을 직접 맡아 봐요."

회의가 끝난 뒤 직원들 사이엔 수군거림이 돌았다.

"이거… 이제는 실적 보고서만 올리는 게 아니라 우리도 직접 말도 해야 하나 보네."

"괜히 입 잘못 열었다가 책임만 지는 거 아냐?"

하지만 정작 이병철은 그 반응을 보고받고도 조용히 웃었다.

"말하는 자가 책임도 져야 합니다. 대신, 책임지는 자는 결정권도 갖게 하세요."

며칠 뒤, 사무실 한편에 작은 회의 공간이 생겼다. 커다란 테이블 대신 둥근 테이블이 놓였고, 이름표도 없고 자리 지정도 없었다. '자유 보고회'라는 이름이 붙은 이 자리에서 생산직부터 관리직까지, 누구든 실명으로 의견을 직접 표출할 수 있었다.

그러나 첫날은 물류의 효율적 대책에 대해 아무도 입을 열지 않았다.

둘째 날에서야 누군가 수줍게 한 마디를 꺼냈다.

"요즘 부산 물류창고에 비어 있는 공간이 너무 많습니다. 창고 운영 효율이 전년에 비해 절반도 안 됩니다."

잠시 정적.

그리고 이광수 이사가 입을 열었다.

"좋습니다. 그럼 이제부터 하동우 주임이 창고 효율 개선팀장입니다. 다른 부서 협조도 하 주임이 직접 끌어내 보세요."

파격적인 회의였다. 그동안 직책으로 임무를 부여한 것에서 벗어나 이제는 적극적으로 나서는 사람이 아무리 직책이 낮아도 그 자리에서 직책과 권한을 위임받았다.

그로부터 사람들이 스스로 생각하고 움직이기 시작한 건 한 달 뒤부터였다. 자발적으로 정리된 보고서, 스스로 목표를 잡은 생산팀, 월말이면 서로 눈치를 보던 사내 분위기도 이제는 확연히 달라지기 시작했다.

"회장님, 요즘 이상하게 사람들이 야근을 해도 불평을 안 하고 있습니다."

김 실장의 말에 이병철은 담배를 꺼내다 웃었다.

"자기 일이라고 생각한다면, 밤을 새도 덜 힘든 법이지. 회사에서 주인의식만큼 중요한 건 없는 법이지. 모두가 회사를 자기 것처럼 여긴다면 그 회사는 망하려야 망할 수가 없는 것이지. 야근비는 어떤 업체보다 두둑하게 직원들에게 지급하도록 해요."

그는 흰 종이에 다시 조직도를 그렸다. 그리고 이름 옆에 하나씩 다른 글자를 적었다.

'책임'

'결정'

'실행'

단순한 직급이 아니라, 그 사람이 실제로 움직이는 역할을 적어 내려갔다.

그리고 마지막 줄, 자신 이름 아래엔 글자 하나를 적었다.

'주인의식'

"사람을 바꾸는 건 어렵다. 하지만 일하는 방식을 바꾸면, 주인 의식 없는 사람도 가진 사람으로 바꿀 수 있다. 그리고 주인의식 을 가진 직원이 많을수록 그 회사는 절대 망하지 않는다."

그는 수첩을 덮고 다짐하듯 말했다.

✲ TimeCosmos Note

실제로 이병철은 단순한 권위적 통제 대신, 자율성과 책임을 강조하는 방식의 변화를 꾀한 대표적 경영자였다.

"말하는 자가 책임을 진다"는 원칙은 훗날 S그룹의 책임경영체제(책임부서제, 팀장 자율제)와 연결된다.

둥근 회의 테이블, 자유 토론 방식, 직원 주도 개선안 등은 H기업의 '애자일 조직', '호리존탈 커뮤니케이션'의 원형 같은 요소로, 1960~70년대 S전자 내부에서 실제로 점진적으로 시도된 변화들이다.

실제 S그룹은 1970년대 초반부터 자체적인 보고 체계 단순화, 팀별 독립성과 책임 강조, 공장단위 개선 제안 제도 등을 운영하기 시작했다.

✲ 역사적 배경

1960년대 중반 한국, 산업화 초기에 접어든 시기로, 대기업조차도 여전히 위계적인 일본식 기업문화에 크게 영향을 받던 때다.

이병철은 이러한 일본식 기업문화의 관성에서 벗어나고자 했고, 생산성 중심의 합리적 조직문화로 개편을 시도했다.

당시 한국의 기업들은 정해진 보고 체계, 상명하복 문화, 직급 중심 회의, 소수 결정권자 중심 의사결정에서 벗어나지 못하고 있었으나, 이병철은 조직 내 책임구조와 협업 방식 자체를 혁신하고자 했던 소수의 선구자였다.

이 시기는 '자발적 주인의식'이라는 말이 낯설던 시대였기에, 이런 시도가 매우 파격적으로 받아들여졌을 수 있다.

⁂ 회귀적 통찰

과거로 돌아온 윤진혁이 단순히 조직만 개편하는 것이 아니라, 미래형 일하는 방식을 선제적으로 도입하는 장면이다.

당시 기준으로는 생소한 '자율성', '심리적 동기 부여', '수평적 토론 구조'는 그가 일하는 방식을 제대로 알고 있었기 때문에 가능한 선택이라고 할 수 있다.

"야근을 해도 불평하지 않는다"는 대사는 꼰대문화로 인식할 수도 있겠지만 당시로서는 회사가 나의 일이라는 심리적 소유감이 있을 때, 사람이 스스로 움직인다는 사실을 보여주는 주체적인 인사 관리 철학이다.

그가 이름 옆에 '주인의식'이라고 적는 장면 또한 직원들을 자율적, 주체적으로 움직이게 만드는 것. 그것이야말로 '회귀자 윤진혁'이 이루고자 하는 진짜 혁신인 것이다.

"회사는 통제가 아니라
주인의식으로 움직인다."

18장. 미래를 그리는 사람들

1968년 여름의 끝자락, 서울 S그룹 본관의 불빛은 늦게까지 꺼지지 않았다. 이병철은 사무실 창가에 서서 도시의 불빛을 바라보며 깊은 생각에 잠겨 있었다. 회귀 이후 숨 가쁘게 달려왔던 지난 시간들. 그동안 S그룹은 무역과 제조업에서 필사적으로 성장했지만, 그는 여전히 불안했다.

'이대로 충분한가?'

그때 비서실 김 실장이 문을 두드리고 들어섰다.

"회장님, 아직 퇴근 안 하셨습니까?"

이병철이 천천히 돌아보며 말을 꺼냈다.

"음, 김 실장. 미국이나 일본 기업 자료를 좀 보고 있었네. 놀랍게도 GE나 IBM, 소니 같은 굴지의 회사들은 벌써 미래를 보는 조직을 따로 운영하고 있더군. 그들은 5년, 10년, 심지어 20년 후를 보고 미리 대비하는 조직을 갖추고 있다고 하네."

김 실장이 잠시 자료를 넘겨보며 고개를 끄덕였다.

"예, 그렇습니다. 미국 기업들은 특히 이런 전략기획 조직을 활발히 운영하고 있다고 하더군요."

"그래서 말인데, 우리도 한번 몇십 년 후 먹거리를 기획하는 조직체를 내 직속으로 해서 만들어 보면 어떨까 하네. 우리의 미래를 미리 준비하고 대비하는 소수정예의 조직체 말일세."

김 실장의 얼굴엔 약간의 놀라움이 스쳐 지나갔다.

"미래를 위한 전담 조직이라… 괜찮은 것 같습니다. 저희가 이제 규모가 커지고 있으니 앞으로도 그런 조직이 필요할지도 모르겠습니다."

이병철은 그의 긍정적인 반응에 같이 미소지었다.

"그래요. 그럼 내일 임원회의 때 이 안건을 한번 논의해 보는 걸로 해봅시다."

이튿날 오전, S그룹 본관 회의실은 긴장과 기대감으로 가득 차 있었다. 임원들은 이병철이 내놓은 '미래기획실' 설립 계획을 듣고 잠시 말을 잇지 못했다.

"회장님, 이 안건은 정말 좋은 생각인 것 같습니다."

예상 밖으로 경영지원실장이 가장 먼저 입을 열었다.

"사실 저희가 당장 처리해야 할 업무만 생각하느라 장기적인 안목을 놓치고 있었습니다. 하지만 대한민국 최고의 기업이라면 충분히 고려할 만한 부분이라고 생각이 듭니다."

곧이어 영업본부장도 힘주어 말했다.

"맞습니다. 이젠 무역과 제조만으로는 부족하다는 걸 다들 느끼고 있지 않습니까? 조금 더 멀리 보자는 회장님의 제안, 저는 적극 찬성합니다."

직원들의 분위기는 생각보다 빠르게 긍정적으로 전환됐다. 물론 현실적인 우려도 있었지만, 오히려 회사가 앞으로 나아가야 한다는 방향성에 공감하는 목소리가 더 컸다.

"미래기획실에 인력이나 자금을 얼마나 투입할 생각이십니까?"

이병철은 질문에 고개를 끄덕이며 말했다.

"처음부터 크게 출발할 필요는 없습니다. 중요한 건 생각의 방향입니다. 5명이든 10명이든, 우리가 진정으로 S그룹의 미래를 고민하는 조직이 있다는 것이 중요하지요. 이 안건에 대해서는 경영지원실장이 직접 계획서를 만들어서 제출해보도록 하세요."

임원들은 저마다 고개를 끄덕였다.

일주일 뒤, 회사 내 게시판에 공고문이 붙었다.

『S전자 미래기획실에서 인재를 찾습니다. 학력이나 나이는 묻지 않습니다.

단지, S전자의 미래를 궁금해하고, 우리가 어디로 가야 할지 함께 고민할 사람을 찾습니다.』

이 특이한 공고는 순식간에 직원들 사이에서 화제가 되었다.

"우리 회사에서 미래기획실이라니, 대체 뭘 하겠다는 거지?"

"새로운 조직이라니, 재밌지 않아? 뭔가 특별한 기회가 될 수도 있을 것 같은데."

직원들 사이에선 부정적 시각보다는 기대감이 훨씬 더 컸다. 특히 젊은 직원들은 이런 조직체에 큰 관심을 보였다.

며칠 후, 이병철은 미래기획실 면접을 직접 진행했다. 지원자 중에는 S그룹 내부 직원뿐 아니라 외부 기업 출신이나, 미국 유학파 출신도 있있디.

이병철은 한 명씩 진지하게 물었다.

"미래기획실에서 일하려는 이유가 뭡니까?"

한 젊은 지원자가 망설임 없이 말했다.

"회장님, 솔직히 말히면, 우리나라에 이런 조직을 가진 회사가 아직은 없다는 게 너무 매력적이었습니다. 남들이 가지 않은 길을 먼저 걷는다는 것이 설레기도 하고요."

다른 지원자도 당차게 덧붙였다.

"저는 우리 S전자가 대한민국에서 지금의 모습에 만족하지 않고, 더 먼 미래를 고민한다는 점이 좋았습니다. 저도 그 고민에 동참하고 싶었습니다."

이병철은 젊은 직원들의 눈에서 뜨거운 열정을 보았다. 지원자들은 불안이나 두려움보다는 기대감과 자신감으로 가득 차 있었다.

그해 가을, S그룹 본사 내 작은 사무실 하나가 '미래기획실'이라는 이름으로 새롭게 문을 열었다. 직원들은 손수 간판을 걸고 다과와 함께 조촐한 출범식을 열었다.

초대 미래기획실장으로 임명된 박사 출신 영입 인재 강영준은 밝은 표정으로 말했다.

"우리의 임무는 기업의 미래를 추측하는 데만 있지 않습니다. 앞으로 S전자의 미래를 우리가 직접 설계하는 것입니다. 우리가 잘하면 우리 가족들의 미래도 조금은 바뀌지 않겠습니까?"

그의 말에 직원들 사이에 환한 웃음과 박수가 터져 나왔다. 이병철은 뒷자리에서 그 모습을 흐뭇하게 바라보았다.

모두가 자신의 일을 찾아 떠난 뒤, 이병철은 홀로 텅 빈 사무실에 남아 작은 창문 너머 하나둘씩 켜져가는 도시의 가로등을 바라보았다.

그는 조용히 중얼거렸다.

"미래는 항상 똑같지는 않아. 큰 줄기는 같을지 몰라도 세밀한 부분에선 매번 변화하고 있어. 우리가 가야 하는 큰 길은 내가 제시하면 되겠지만 세부적으로 만들어 가는 것은 직원들이 직접 해야 할 거야. 앞으로 다가오는 격동의 70년대와 80년대는 더욱 거센 파도가 밀어 닥칠 터이니 같이 고민하면서 헤쳐 나가 야겠지."

그가 바라보는 창문 너머에는, 그 어느 때보다 붉게 타오르는 석양이 출렁이고 있었다.

실제로 이병철 회장은 1970년대 중반 이후 '기획조정실' → '미래전략실' 체계를 통해 S전자의 장기 전략 수립을 주도하게 된다.

특히 S그룹종합기획단, 기획조정실, 미래전략실(MS팀) 등은 훗날 다음 경영자 체제 이후 핵심 브레인 조직으로 계승되며, S전자의 반도체 및 글로벌 전략 수립에 핵심적 역할을 하게 된다.

지원자들의 면접과정, "학력/나이 무관 공모", 창의적 비전 중심의 선발 등은 실제로도 1980년대 S전자 등에서 일부 유사하게 시도되었으며, 이병철의 '선인재 확보 후미래 투자' 전략을 상징한다.

.ᐟ.ᐟ 역사적 배경

1968년 한국은 경제개발계획 3차년도로 접어들었고, 중화학공업화 전략이 본격화되던 시기다. 하지만 민간 기업 중에서는 장기전략 수립 조직을 내부에 운영하던 사례가 극히 드물었다.

S그룹은 1969년 S전자 설립을 기점으로 본격적으로 전자산업에 뛰어들기 직전이었고, 이병철은 이 시점에서 "지금의 기술보다 미래산업에 대한 안목이 더 중요하다"는 문제의식을 갖고 있었다.

당시 일본 기업(소니, 히타치, 도시바 등)은 이미 중장기 기술 로드맵 수립, 미래연구실 설립 등을 통해 향후 10년 산업 트렌드에 대비 중이었으며, 이병철이 이 흐름을 벤치마킹했을 가능성도 매우 높다.

⁂ 회귀적 통찰

윤진혁은 70~80년대의 기술 격변기, 반도체 산업, 디지털 시대의 도래를 내다보고, 그에 맞는 '장기 기획조직'을 선제적으로 만든다.

이 장의 포인트는 **"생각의 방향이 중요하다"**는 발언일 것이다. 조직은 누구나 만들 수 있겠지만 어떻게 만드느냐는 다른 차원의 문제이다.

윤진혁이 생각하는 조직은 군더더기가 없어야 하며 미래에 대한 일관성과 철학이 들어가 있는 조직체이다.

사실 '미래 기획실'이라는 이름 자체가 뜬구름 잡는 식으로 흐를 수 있는 여지가 충분한 조직체다.

그러나 여기에 창업자의 **구체적인 철학과 실용적인 의미를 부여한다면** '미래 기획실'은 한 기업체에서 가장 중요한 위치를 차지하게 될 것은 틀림없을 것이다.

"조직의 이름보다 중요한 것은 그 안에 담긴
창업자의 철학이다."

19장. 불편함을 마주한 순간, 미래는 달라진다

미래기획실이 설립된 지 어느덧 두 달 후, 늦은 오후.

미래기획실장 강영준은 긴장된 표정으로 두꺼운 보고서를 품에 안고 을지로 S그룹 본관의 회의실로 향했다. 그는 이병철의 지시에 며칠 동안 잠을 설쳐가며 이 보고서를 준비해왔다. 제목은 간단했다.

《S그룹 현황과 내부 문제 분석》

하지만 그 안에 담긴 내용은 결코 간단하지 않았다.

회의실에 들어서자 임원들이 이미 긴 테이블 양쪽에 앉아 있었다. 이병철 역시 묵묵히 그를 기다리고 있었다.

"그럼 시작하지요."

이병철의 짧고 간단한 말에 강영준은 깊게 숨을 들이쉬며 보고서를 펼쳤다.

"저희 미래기획실은 지난 두 달 동안 S그룹의 현 상태를 철저히 분석했습니다. 아마 보고서 내용을 보고 여러분들이 조금은 불편하게 느껴지실 수도 있습니다."

강영준은 천천히 말을 이었다.

"첫 번째로, 우리 조직의 가장 큰 문제는 인력 부족과 기술의 미성숙입니다."

그의 말에 회의실은 미묘한 침묵에 휩싸였다. 한 임원이 손을 들었다.

"잠깐만, 아직도 우리 S전자가 인력 부족으로 고생하고 있다는 말입니까? 또 기술의 미성숙이란 무슨 뜻입니까? 지금까지 세계 업체들과 무역을 하면서 S전자의 기술 인력은 훌륭하기로 정평이 나 있는데요."

강영준이 그의 말을 이해한다는 듯 고개를 끄덕이며 말했다.

"예, 그 말씀도 맞습니다. 하지만 우리가 무역과 단순 제조를 넘어, 좀 더 정교한 제품 또는 새로운 사업을 시작하게 된다면, 지금의 기술 수준으로는 반드시 문제가 발생할 수밖에 없습니다. 세계적인 기업들과 비교해봤을 때 우리 회사 내에는 제대로 된 연구소는 물론, 공학이나 전기 분야의 전문가 인력도 극히 제한적으로 투자된 상태입니다. 특히, 일본이나 미국과 비교한다면 아직도 우리 기술 수준은 매우 열악한 상태라고 할 수 있습니다."

임원들은 불편한 마음이 들었는지 몸을 들썩였다. 현실을 인정하기가 쉽지는 않았지만 냉정하게 세계 기업들과 비교했을 땐 강영준의 말엔 한 치도 틀린 것이 없었다.

강영준은 계속 이어갔다.

"두 번째 문제는 핵심 기술과 부품을 아직까지도 일본에 의존하고 있다는 겁니다. 우리가 지금까지는 무역을 통해 이익을 얻었지만, 일본 기업들이 부품 공급을 중단하거나 가격을 올리면 언제든지 타격을 입게 되는 구조입니다."

그의 말에 몇몇 임원들은 고개를 숙이거나 끄덕였다. 실제로 얼마 전 일본 부품 공급사의 가격 인상으로 회사가 큰 곤란을 겪었던 적이 있었기 때문이었다.

"세 번째 문제는 S그룹은 글로벌 기업에 속하지만 사업 구조가 지나치게 단순하다는 점입니다. 현재 우리 수익의 대부분이 단순 무역이나 가전 제조업에만 쏠려 있습니다. 글로벌 경제 상황이 조금이라도 변화하면 금세 타격을 입을 구조죠."

회의실 안의 공기가 점점 무거워졌다. 보고서는 냉정한 현실을 있는 그대로 드러내고 있었고 많은 이들은 강영준의 말에 점차 공감하고 있었다.

마지막으로 강영준은 목소리를 조금 낮추며 말했다.

"그리고 네 번째, S그룹 내부의 관리 체계가 아직까지도 비효율적입니다. 조직이 다양해진 만큼 업무가 중복되고, 정보 전달도 제대로 이루어지지 않고 있습니다. 어떤 일은 두세 부서에서 똑같이 하고 있고, 또 어떤 일은 어느 부서도 책임지지 않는 곳도 있습니다."

강영준의 발표가 끝나자 임원들의 얼굴에는 복잡한 심경이 드러났다. 어떤 임원은 한숨을 쉬고, 또 어떤 임원은 애먼 천장만 바라봤다. 하지만 아무도 이 현실을 부정하지는 못했다.

잠시 후 침묵을 깬 것은 이병철이었다.

"여러분, 이 보고서가 우리를 불편하게 하는 이유는 뭘까요?"

임원들은 잠시 서로를 바라봤다. 그때, 한 임원이 조심스럽게 입을 열었다.

"진실이지만 덮어왔고 모른 척해왔던 사실이기 때문이 아닐까요?"

이병철은 그 임원을 바라보며 천천히 고개를 끄덕였다.

"그렇습니다. 우리가 오늘 들은 내용은 그동안 파죽지세로 성장해왔던 S그룹으로서는 결코 듣고 싶지 않은 현실입니다. 하지만 바로 그렇기 때문에 더욱 중요합니다. 이제 우리는, 우리가 약하다는 사실부터 다시 출발해야 합니다. 우리의 약함을 인정하고 반성하지 않으면, 우리는 결코 강해질 수 없다는 것을 다시 한번 인식해야 합니다."

그의 절절한 목소리에 모두가 고개를 숙였다.

"다시 한번 말하지만, 그동안 우리의 가장 큰 문제는 문제를 제대로 직시하지 않는 태도였습니다. 그러나 이제 더 이상 피해 갈 수 없습니다. 우리의 갈 길은 아직 멀었기에 우리가 약하다는 사실을 정면으로 마주 보고, 보고서의 내용처럼 본격적인 체질 개선을 해나갑시다."

이병철은 말을 이었다.

"오늘 이 자리에서 우리가 분명히 깨달은 것은, S그룹은 세계 기업과 비교했을 때 아직도 작고 훨씬 미성숙한 기업이라는 점입니다. 그러나 분명한 건, 지금 우리가 현실을 인정하고 변화를 결심했다는 사실만으로도 우리는 이미 강해지고 있다는 겁니다."

이병철은 강영준을 바라보며 누그러진 목소리로 말했다.

"강 실장, 좋은 보고였습니다. 오늘 우리가 약점을 마주한 보고가 앞으로 S그룹이 새로운 사업을 추진할 때 더 강한 기업으로 성장하는 첫걸음이 될 겁니다. 좋은 약은 입에 쓰다고 하지 않았습니까. 강 실장의 정확한 진단이 우리 S그룹에 좋은 약이 될 것입니다."

이병철이 웃으면서 강병준을 격려하자 회의실은 작지만 박수로 가득 찼다.

회의가 끝나고 임원들이 자리를 떠난 뒤, 강영준은 이병철 곁으로 다가와 말했다.

"회장님, 오늘 제 보고가 너무 과하진 않았는지 조금 걱정했습니다."

이병철은 오히려 환하게 미소를 지었다.

"아닙니다. 강 실장이 S그룹이 필요한 시점에 필요한 말을 했어요. 때로는 아픈 말이 좋은 약이 되는 법입니다."

S그룹의 창밖으로 서울의 어둠이 짙게 내려앉고 있었다. 하지만 S그룹의 사무실에 불빛은 여전히 꺼지지 않고 더욱 빛나고 있었다.

⁂ TimeCosmos Note

실제 역사의 이병철 회장은 1970년대 초반, 그룹 내부 보고서를 통해 일본 기업 대비 S그룹의 기술, 조직, 자본력 한계를 통렬히 인식하고 이후 체질 개선과 인재 확보, 신사업 확장에 나섰다.

특히 1973년 무렵 이병철 회장은 "우리는 지금 겨우 뼈대만 갖춘 집이다"라는 말을 하며 S그룹의 불완전함을 스스로 고백한 바 있다.

⁂ 역사적 배경

1968~70년 전후, S그룹은 여전히 무역·조립산업 중심 기업이었다. 자체 기술이나 공학 인력은 턱없이 부족했고, 부품, 기술, 설비의 상당수를 일본에 의존했다.

일본은 이미 1960년대 중반부터 기술 내재화와 독립적 생산 체계 확립을 위해 정부 주도로 산업 R&D를 집중 육성 중이었고, S그룹은 그 차이를 절감하고 있었다.

1960년대 후반 일본은 '조립 수출형'에서 '기술 내재형 제조국'으로 전환 중이었다. 일본통상산업성이 주도한 산업 정책에 따라 기업들은 기술자립·표준화·부품 국산화를 강하게 추진하였고 기업 내 연구 개발 조직이 대폭 강화되어, 기업 R&D 투자 비율이 세계 최고 수준(전체 매출의 약 4~5%)에 도달하였다.

그러나 1960년대 말 당시 S그룹 내부에서 이 문제를 지적하고 전략적 대응을 고민하는 조직은 없었다.

✲ 회귀적 통찰

윤진혁은 S그룹의 내외부의 위험 요소를 이미 알고 있었다. 그러나 그 위험을 단순히 '지시'가 아닌 '기획실의 분석'이라는 방식으로 드러나게 하여 직원들의 공감을 얻는 데 중점을 둔다.

이는 모든 예측을 자신이 독단 또는 독점하지 않고, **조직이 스스로 현실을 자각하게 만드는 위기의식의 전체 공유화 빌드업 과정이라고 할 수 있다.**

그리고 "우리의 가장 큰 문제는 문제를 보지 않으려 했던 태도입니다"라는 말은 과거의 삶과 회귀 전 기억에 대한 통찰이 담긴 말이며, 시간을 되돌려도 같은 실수를 반복하지 않겠다는 다짐이다.

"위기는 독단으로 극복되지 않는다.
조직이 스스로 깨달을 때 힘이 생긴다."

20장. S그룹, 미래 먹거리를 다채롭게 그리다

어느새 1969년 눈 내리는 차가운 겨울이 다가왔고, 다른 부서와
는 달리 S그룹 본관 미래기획실에는 매일 밤 늦게까지 불이 꺼지
지 않았다. 강영준은 직원들과 책상 위에 펼쳐진 수많은 자료와
서류 사이에서 밤을 지새우며 미래기획실에서 지적한 내용을 토
대로 S그룹의 미래 먹거리에 대해 논의했다.

벽 한쪽엔 거대한 종이가 붙어 있었다. 상단에는 굵은 글씨로 적
힌 세 단어가 뚜렷했다.

『중공업, 화학, 반도체』

미래기획실장 강영준이 보고 자료를 이병철에게 직접 건넸다.

"회장님, 중공업부터 말씀드리겠습니다. 일본과 미국, 유럽 기업
들이 이미 조선과 중장비 산업을 통해 엄청난 발전을 이루고 있
습니다. 앞으로 국내 산업화가 본격화된다면 중공업이 반드시 필
요해질 시점이 올 것이라 예상됩니다."

이병철은 자료를 보며 천천히 고개를 끄덕였다.

"좋아요. 그렇다면 우리가 다른 업체보다 중공업에서 가장 빠르
게 진입할 수 있는 방법은 뭡니까?"

강영준이 안경을 올려세우며 말했다.

"아쉽게도 처음부터 독자적 능력으로 하기는 매우 어렵습니다.
일본 이시카와지마나 독일 크룹 같은 기업과 제휴를 통해 기술을

배우고, 동시에 국내에서 기술을 직접 활용할 수 있는 시설을 구축해야 합니다."

"좋습니다. 중공업은 단순히 돈을 버는 사업이 아니라, 국가 전체의 기초를 다지는 산업이기도 합니다. 천천히 가도 좋으니 확실히 시간을 갖고 준비해 갑시다. 이와 관련해 기획실은 구체적인 투자 시기와 금액을 산출해서 제대로 보고해 주세요."

이병철의 지시가 끝나자 곧이어 화학 분야를 담당한 직원이 두꺼운 보고서를 들고 일어났다.

"회장님, 자원이 없는 우리나라의 가장 큰 약점은 바로 기초 원료의 해외 의존도입니다. 현재 석유화학 제품이나 비료는 전량 수입하고 있고, 이는 국내 제조업 전체의 발전에 걸림돌로 작용되고 있는 실정입니다."

"그럼, 우리 S그룹에서 진행해야 할 화학 분야의 첫 단계는 무엇입니까?"

"첫 단계로 항만, 철도, 도로망이 잘 발달한 울산 지역에 석유화학과 비료 공장을 설립하는 방안을 적극 제안하는 바입니다. 일본에서 원료를 수입하되, 자체적으로 생산 능력을 키워 국내 산업 기반을 다지는 것이 1차 목표입니다."

이병철이 천천히 생각하다 말을 꺼냈다.

"좋습니다. 화학 사업은 우리가 직접 투자하고 관리하는 게 매우 중요합니다. 화학은 산업의 뿌리라고 말할 수 있습니다. 뿌리가 잘 자라야 줄기와 열매가 제대로 맺을 수 있겠죠. 이 사업도 구체적인 시기와 투자금을 분석해서 올리세요."

마지막으로 반도체 분야가 책상 위에 올라왔다. 모두가 집중하는

가운데, 강영준이 말을 꺼냈다.

"회장님, 반도체는 가장 어렵고 투자 대비 시간이 너무나 오래 걸리는 사업이지만 반드시 우리가 뛰어들어야 하는 사업입니다. 왜냐면 일반 가전제품은 변화의 속도가 빠르고 경쟁이 심한 반면 반도체 같은 중요 전자 부품은 제대로만 만들어 놓으면 전세계적으로 산업 전체를 쥐락펴락할 수 있는 헤게모니의 힘을 가질 수 있습니다. 일본이나 미국의 첨단 기업들이 지금도 두말없이 뛰어드는 이유가 그 근거입니다."

이병철은 도리어 미소 지으며 답했다.

"그렇죠? 저도 잘 알고 있습니다. 아마 강 실장 말대로 처음엔 밑 빠진 독에 물 붓는 기분이 드는 사업일 거예요. 하지만 이 사업은 늦으면 늦을수록 따라잡기가 매우 어려운 사업입니다. 자, 그렇다고 손 놓고 쳐다만 볼 수는 없고,.. 그러면 강 실장! 반도체의 사업 단계는 무엇부터 시작하는 게 좋을까요?"

강영준은 기다렸다는 듯 준비된 자료를 펼쳐 들었다.

"우선 기술 인력부터 키워나가야 합니다. 미국 실리콘밸리와 일본 전자 회사에 우리 엔지니어들을 보내 연수를 시키고, 그들이 돌아오면 바로 기술 연구소를 만드는 겁니다. 짧게는 5년, 길게는 10년 이상 길릴 수도 있지만, 그때가 되면 반도체가 세계 경제의 심장이 되는 시기가 반드시 도래할 겁니다."

이병철은 흡족한 표정으로 말했다.

"그래요, 바로 그겁니다. 10년이든 20년이든, S그룹이 반도체는 물론 중공업과 화학에서도 세계를 이끌 수 있을 때까지 밀고 나갑시다. 다시 말하지만 결국 중요한 건 사람이지 기계가 아닙니다."

며칠 후, 연말 송년 발표회에서는 미래기획실이 준비한 발표를 듣기 위해 몰려든 직원들로 가득 찼다. 강단에 오른 이병철은 자신감 넘치는 표정으로 임직원들을 휘 둘러보며 말했다.

"지금까지 S그룹이 걸어온 지난한 길을 함께해 주신 임직원 및 협력업체 여러분들께 진심으로 감사와 격려의 말씀을 드립니다. 우리는 지금 중요한 시점에 서 있습니다. 바야흐로 격동의 70년 대가 거대한 파도가 되어 우리에게 밀려오고 있습니다. 유감스럽지만 이제까지 살아온 우리의 방식은 더 이상 통하지 않습니다. 무역이나 단순 제조로는 S그룹을 유지할 수 없는 시대가 온 것입니다. 따라서 저는 이 자리에서 S그룹이 나아갈 방향과 미래를 정확히 말씀드리도록 하겠습니다."

청중들은 긴장 속에 집중했다.

"먼저 중공업입니다. 앞으로 S그룹은 배도 만들고, 철도 다루고, 중장비도 생산하게 될 겁니다. 이는 S그룹뿐만 아니라 대한민국 전체의 산업 기반을 만들어 줄 사업으로 우리나라 경제의 엔진 역할을 해줄 것이라 믿어 의심치 않습니다."

장내에서 이미 중공업 설립에 대해 짐작하고 있었다는 듯 박수가 즉각 터져 나왔다.

"그리고 다음은 화학입니다. 석유화학과 비료 산업은 국가 산업의 뿌리를 튼튼히 만들 겁니다. 우리가 직접 만든 화학 제품은 외국 의존율을 절반 이상 줄이고, 국내 산업 전반에 커다란 영향을 끼치게 될 것입니다."

이병철은 잠시 숨을 골랐다.

"마지막으로 우리가 추진해야 할 최대 사업은 반도체 사업입니다. 비록 지금은 아무도 관심 없지만, 10년 뒤에는 이 작은 산업의 쌀은 세상을 움직이고 있을 것입니다. 시간이 걸리고 난관이 있겠지만, 우리 손으로 최첨단의 핵심 반도체를 만들어 전 세계 모든 전자제품에 S전자의 제품이 들어가도록 하겠습니다. 10년, 아니 100년이 지나도 반도체가 S그룹의 효자산업으로 반드시 자리 잡도록 하겠습니다."

장내는 잠시 술렁였다. 익숙하지 않은 사업에 고개를 갸웃거리는 직원들도 있었지만, 이병철의 신사업에 대한 의지에 모두들 긍정적인 믿음으로 바뀌어 있었다.

"이 세 가지 사업은 단순히 우리들만의 사업은 결코 아닙니다. 반드시 도래할 대한민국의 내일 먹거리를 결정짓는 일입니다. 지금부터 우리가 설계하는 산업의 미래가, 우리뿐만 아니라 대한민국의 내일을 먹여 살리는 일이 될 것이라 저는 믿어 의심치 않습니다.

이제 임직원 여러분들은 저와 S기업을 믿고 한 치의 빈틈도 없이 최선의 근무를 해 나간다면 다가오는 21세기엔 위대한 대한민국의 기업에 근무하고 있음을 자랑스러워 하게 될 것입니다."

그날 S그룹 임직원들과 협력업체는 박수와 환호성으로 1970년대의 새해를 맞이했다. 모두가 현장에서 S그룹의 새로운 가능성을 발견했고, 스스로가 그 미래를 만들고 싶다는 열망을 느꼈다.

☆ TimeCosmos Note

중공업 진출 제안은 실제로 이병철이 1974년 S중공업을 설립한 역사적 사건의 전조로 해석할 수 있다.

화학산업 구상은 1974년 설립된 S그룹 정밀화학(현 한화솔루션 계열)과 1973년 울산 지역을 중심으로 조성된 한국석유화학단지를 선도적으로 반영한 설정이다.

반도체 사업은 실제로는 1974~1980년대 초반부터 본격화되었다.

☆ 역사적 배경

1960년대 말 미국·일본의 산업 기술 현황은 다음과 같다.

미국은 중공업 및 항공 우주 산업에서 GE, Boeing 등이 항공기·터빈·중장비 등에서 압도적 기술력을 자랑한다. GE는 발전기·터빈 분야에서 세계 최고 수준이었고 듀폰(DuPont), 다우케미컬(Dow Chemical)은 고분자, 나일론, 테플론, 비료 등 화학 제품 혁신을 세계적으로 주도하고 있었다.

반도체/전자 분야에선 인텔(Intel)이 1968년 창립, 1971년 세계 최초 마이크로프로세서(4004) 개발을 선도하였다.

일본의 중공업은 이시카와지마하리마중공업(IHI), 미쓰비시중공업 등 선박, 엔진, 플랜트 기술에서 세계적인 경쟁력을 확보하고 있었다.

화학 분야에선 미쓰이화학, 미쓰비시화학, 쇼와덴코 등 종합화학 기업들이 석유정제부터 화섬, 비료까지 수직계열화 추진하여 산업의 효율성을 갖고 있었다.

그 당시 반도체 및 전자분야에선 NEC, 히타치, 도시바 등이 트랜지스터 라디오·TV 생산을 주도하였지만 아직 집적회로(IC) 단계에 불과했다,

⁂ 회귀적 통찰 능력

미래산업에 대한 예지력은 확신에서 시작한다. 확신을 얻으려면 시간의 시작점과 그 연장선상의 과정을 추론해 나가면 된다. 이 **과정추론**이란 특정 산업이나 제품이 탄생한 시점부터 궁극적으로 도달할 종점을 단계별로 하나씩 면밀히 들여다보며 통찰하는 방법이다.

예를 들어 자동차 에너지를 **과정추론**의 관점에서 살펴보자. 자동차 에너지는 처음 화석 자원인 석유를 활용하는 데서 시작해 소비자의 요구와 기술의 발전에 따라 전기, 수소, 태양광 등 다양한 에너지원을 거쳐 현재까지 진화해왔다. 이 과정을 계속 이어나가면 결국 최종적인 에너지 형태, 즉 에너지 활용의 최종 결론에 도달하게 될 것이다. 과정을 차근차근 추적하다 보면 자동차의 최종 결론은 아마도 비용이 전혀 들지 않는 **무한 재생에너지**가 될 가능성이 크다. 그 단계에 이르면 더 이상의 기술적 진화는 필요성을 잃게 될 것이다.

이러한 방식으로 모든 산업의 시작점부터 끝점까지의 과정을 명확하게 추론할 수 있다면, 새로운 시대에 적합한 신사업을 창출하는 것은 결코 어렵지만은 않을 것이다.

"미래를 보는 힘은 과거에서 나온다.
미래에 대한 통찰은 과거의 과정을
끝까지 추적할 때 생긴다."

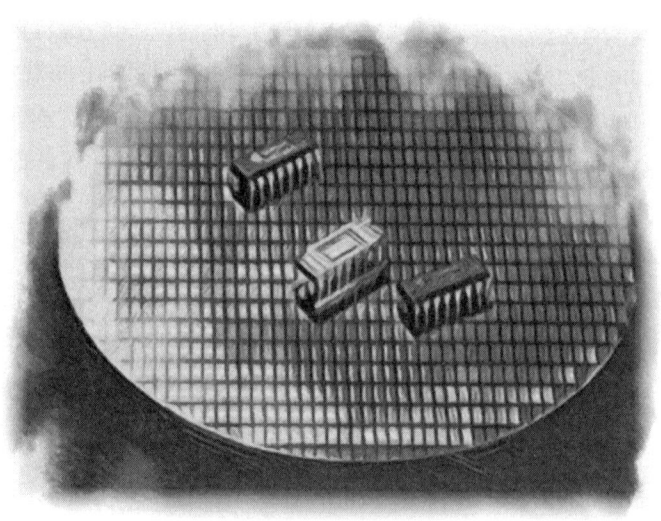

3부.

1970년대, 다윗의 시대

21장. 첨단산업 괴물로 가는 길

1970년 늦봄, 부산항.

북쪽 바다에서 불어오는 삭풍은 아직 차가웠지만, 이병철의 이마엔 미세한 땀이 맺혀 있었다. 그는 철제 난간에 손을 얹고 안경 시야 너머를 지긋이 바라보았다. 하역장에는 먹이를 찾아 낮게 나는 갈매기들과 미국 원조 물자가 담긴 회색 드럼통과 진흙투성이의 군용 차량들이 어지럽게 널려 있었다.

그 틈을 비집고 인상을 잔뜩 찌푸린 어민들이 소형 나룻배를 손으로 힘겹게 끌고 나오는 모습이 한눈에 들어왔다.

언제나 바다는 기회의 땅이자, 빈곤의 경계쯤 되었다.

곁에 선 강영준 실장이 물었다.

"회장님, 여긴 왜 급하게 오자고 하신 겁니까?"

이병철은 대답했다.

"저번에 말했다시피 우리나라는 수출로 먹고살아야 돼. 그리고 수출하려면, 일단 운송할 배부터 가지고 있어야 되겠지."

강영준은 시선을 잠시 뗐다가 다시 물었다.

"그 말씀은... 조선소를 지금부터 하시겠다는?"

이병철은 고개를 끄덕였다.

"그렇지. 미국은 자동차로, 일본은 선박으로 다시 일어났어. 우리라고 못할 게 뭐 있겠는가?"

며칠 후, 서울 본사 3층 회의실.

이병철은 도면 한 장을 테이블 위에 펼쳤다.

'부산 영도 매립 예정지 조감도'

직원 여럿이 둘러앉아 있었고, 자료를 받아든 이들이 긴급 회의를 진행하고 있었다.

하지만 그중 한 명, 기계부장 박윤섭이 말했다.

"저는 본 사업을 긍정적으로 봅니다. 회장님 말씀처럼, 물류 기반이 없는 수출은 말장난에 불과합니다."

곁에 선 장성우 이사는 고개를 끄덕이며 천천히 입을 열었다.

"박 부장 말이 맞습니다. 조선은 단순한 사업이 아니지만 산업화의 허리입니다. 우리가 단순 가공에서 제조업으로, 제조에서 수출국으로 전환하려면 반드시 필요한 사업입니다."

잠시 후 강영준 실장이 회의실 앞쪽 칠판에 간단한 추정치 금액을 적었다.

- 기본 부지: 20만 평
- 기술 제휴 예상 비용: 25만 달러
- 1차 설비 투자비: 50만 달러
- 필요 인력: 약 600명

장내가 조용해졌다. 숫자는 말보다 훨씬 더 무겁게 다가왔다.

"그럼 조선소를 지을 자금은 어디서 조달하게 됩니까?"

"정부 지원이 없다면 은행 대출도 쉽지 않을 텐데요."

돈 이야기가 나오자 장내는 금방 비관적인 말부터 뒤어나왔다.

조용히 듣고 있던 이병철은 슬쩍 미소를 지었다.

"그래서 우리가 일본으로 가야 한다는 겁니다. 기술도 배우고, 자금도 끌어와야 하고, 가장 중요한 건, 이 사업이 우리 회사뿐만 아니라 이 나라 전체에 꼭 필요하다는 사실입니다."

잠시 정적이 흘렀다. 누군가 다시 입을 열었다.

"...분명 도전할 가치는 있는 것 같습니다. 그러나 부산항 근처 해저 지반이 약하다는 문제는 고려하셔야 할 겁니다. 진동에 약하니 조선소 기반부터 새로 조사 연구해야 합니다."

이병철은 그 말에 고개를 끄덕였다.

반대와 찬성, 동의와 새로운 제안이 함께 얽히며 분위기는 점차 무르익고 있었다.

이병철의 일본 방문은 곧바로 실행에 옮겨졌다.

일본 도쿄 시바우라 조선 공장, 히타치 제작소, 미쓰비시 중공업까지 연이어 방문하며 기술 이전 가능성을 하나하나 타진했다.

그중에서도 시즈오카의 조선기술학교 교장은 마지막 미팅에서 이렇게 말했다.

"한국이 조선업을 하려는 건 용기 있는 일이지만, 제대로 가르칠 만한 인재가 있겠습니까?"

이병철은 일본 교장의 낮춰보는 말에 정색하며 답했다.

"사람은 선별해서 데려가겠습니다. 여러분들이 기술을 전수해 준다면, 우리 기술자들은 배우는 것을 두려워하지 않을 겁니다."

이병철은 기술 습득과 더불어 중형선 설계도면을 비싼 가격이지만 그들이 만족할 만한 가격에 사들였고, 3개월 간 기술자 12명을 현장 연수에 보내는 것으로 계약을 하였다.

그해 가을, 영도의 평지에 첫 삽이 들어갔다.

산업 설비도, 크레인도 없이 나무 말뚝을 박고 콘크리트를 붓는 것부터 시작이었다.

어느 날 부산 시장이 조선소 설립에 관심이 있었는지 잠시 들러 말했다.

"이 볼품없던 땅덩어리가 이제는 거대한 공사장이 되었습니다 그려."

곁에 있던 이병철은 크게 웃으며 대답했다.

"맞습니다. 지금은 공사장이지만 5년 후, 여긴 배를 짓는 공장이 될 거고, 10년 뒤엔 첨단 산업 괴물이 되어 우리나라는 물론이고 세계를 움직이고 있을 겁니다."

바닷바람이 거칠게 불어왔지만, 그의 시선은 흔들리지 않았다.

바야흐로 1970년대의 거친 바람이 불어오겠지만 그의 본격적인 도전 앞에 순풍으로 바뀌어 다가올 수 있다고 확신하며 주먹을 쥐었다.

⁂ TimeCosmos Note

1970년 S그룹의 중공업 진출 결정은 실제 1974년 S중공업(S조선) 설립으로 이어진 중요한 역사적 연결로 볼 수 있다.

특히 '영도에 부지를 매입하여 조선소를 짓는다'는 설정은 실제 부산 영도조선소 설립 계획과 매우 유사하며, 당시 S그룹은 이시카와지마하리마중공업(IHI) 등 일본 기술과 인력을 도입하여 조선 기술 내재화에 나섰다.

'배부터 있어야 수출한다'는 이야기는, 수출 주도형 산업화의 핵심 논리와 맞닿아 있으며, 조선업을 통해 단순 무역을 넘어 '산업 기반' 자체를 확보하려 했다는 점에서 선제적이고 전략적인 움직임이라 할 수 있다.

⁂ 역사적 배경

① 국내 상황(1970년 전후)

한국은 제3차 경제개발 5개년계획(1972~1976)을 앞두고 있었고, 정부는 중화학공업화를 준비 중이었다.

박정희 정권은 조선, 철강, 기계산업 육성을 국가전략으로 설정하고 있었으며, 외국자본 및 기술 도입을 적극 유도했다.

당시 조선업은 현대(울산), 대한조선공사(목포) 중심이었고, S그룹은 다소 늦은 진입이었으나 기술집약형 중형선 건조를 목표로 삼았다.

② 일본의 조선 기술(1960~70년대 초반)

일본은 1960년대 후반 세계 조선 수주량의 50% 이상을 점유하며 세계 1위 조선 강국이었다.

대표 기업으로는 미쓰비시중공업, 이시카와지마하리마중공업(IHI), 가와사키중공업 등이 있으며,

선박 설계, 조립 공정, 용접 기술, 도장 기술에서 세계 최고 수준이었다. 시즈오카조선학교, 요코스카해양기술학교 등에서 해양설계 및 선박 기술 교육이 활발히 이뤄졌다.

③ 국제 경제 및 기술 환경

1973년 제1차 오일쇼크 이전까지는 선박 수요가 급증하던 시기.

선박 건조 기술은 용접 기술, 도크시스템 운영 능력, 대형 크레인 인프라가 관건이었으며,

이것이 부족했던 한국 기업은 일본 기술 도입 없이는 조선소 건립 자체가 불가능했다.

⁂ 회귀적 통찰

이병철의 중공업 전략은 단지 선박을 만드는 것이 아니라 "운송 인프라 확보를 통한 산업 생태계 구축"이라는 거대한 통찰에서 비롯된다.

이는 "물류 → 제조 → 수출"이라는 흐름을 선도적으로 파악한 전략이며,

'배 없이 수출할 수 없다'는 언뜻 단순한 말 속에는 하드 인프라가 소프트 산업의 기반이 된다는 본질이 숨겨져 있다.

또한 일본의 기술을 배우러 간 장면은 "미래산업을 위한 기술 격차를 인정하고, 그것을 따라잡는 겸손함과 절박함"이 없으면 불가능하다.

오늘날 기업 경영자에게도 중요한 교훈이 될 수가 있나.

"겸손하게 배우고,
절박하게 따라잡을 때만
미래산업이 열린다."

22장. 망망대해에서 시작된 위기

1972년, 부산 영도 조선소 건설 현장.

장마철답게 하늘은 연일 먹구름으로 뒤덮였고, 미처 정리되지 않은 진흙 위로 중장비의 바퀴 자국이 난잡하게 찍혀 있었다. 용접 공과 형틀공들이 천막 아래서 어깨를 움츠린 채 서 있었다. 유감 스럽게도 조선소 건설 공사 진행률은 당초 계획의 60%에도 못 미치고 있었다.

이병철은 현장을 둘러본 후, 임시 사무실로 들어가 현장회의를 소집했다.

"현장 조선소 건설 상태는 제 예상보다 훨씬 느리게 진행되고 있습니다. 설비 문제도 심각하고... 가장 큰 문제는 용접기인데 도쿄에서 들여온 중고 설비가 한국 전압에 맞지 않아 자꾸 과열되고 있다는데, 장 팀장, 어떤 상황인지 정확히 말해 봐요."

기술팀장 장영호가 말했다.

"예, 예전에도 보고드린 문제입니다만 일본 전기는 110볼트지만 우린 220볼트입니다. 변압기 장비를 추가로 설치해야 조선 공정이 원활하게 돌아갈 수 있다고 봅니다."

이병철은 조용히 고개를 끄덕였다. 그리고 자료를 들춰보며 말했다.

"조선소 건설과는 별개로 사가미 해운과의 계약, 이번 달 25일까지 선체 1차 구조 완성 보고를 해야지, 못 맞추면 계약 파기가 될 거요."

장영호가 다시 입을 열었다.

"선체 기본 작업은 이번 주에 끝나지만, 형틀 조립에 필요한 고급 용접사는 현재 5명밖에 없습니다. 최소 20명 이상은 추가되어야 일정을 맞출 수 있습니다."

"그러면, 이번에도 부산 기계공고 출신 기능공들을 용접사로 채용하는 건 어떻겠소?"

"기초는 있으나 아직 실전 경험이 부족합니다. 배의 구조는 공장 설비와 다릅니다. 육상 설비보다 더 강한 내구성을 요구하니까요."

이병철은 입을 다문 채 고개를 끄덕였지만 곧 고개를 들고 말했다.

"그럼 이렇게 합시다. 일단 숙련 용접사를 최대한 추가로 고용하되, 기계공고 출신 젊은 인력은 그 밑에서 붙여 도제 형식으로 직접 교육시키시오. 하루라도 빨리 실전에 투입될 수 있도록 말이오."

"예, 회장님. 하지만 예상회 추가 비용이…"

"지금은 추가 비용보다 '신뢰'가 더 중요하오. 이 계약을 못 지키면, 우리 조선 사업 자체가 끝이오. 추가 금액을 당장 집행해 내려 보낼 테니 서둘러 주시오."

이병철은 사무실로 돌아와 추가 집행 결재를 내리고 서울로 올라와 대일무역 담당자와 면담했다.

"일본 사가미 해운에서 철판 추가 발주 요청이 있었습니다. 하지만 그쪽에서는 품질 미달 이유로 단가 인하를 요구하고 있습니다."

"사실입니까?"

"예. 현재 사용 중인 철판이 일본에서 재고로 떠안은 2등급 제품이라, 일본 쪽에선 기술적 품질 보증이 어렵다며 일부러 딴지를 거는 듯합니다."

이병철은 턱을 문지르며 중얼거렸다.

"흠, 일본은 아무래도 2등급 자재로 1등급 성과를 내는 걸 좋아하지 않겠지…"

그는 잠시 생각에 잠기더니 말했다.

"신품으로 1등급 철판을 다시 수입합시다. 대금 가격이 좀 올라가도 얼마든지 괜찮소. 대신, 지금처럼 중간상인 말고 니혼제강 본사와 직접 계약을 추진해서 전체 단가를 좀 더 낮추고 기술 보증도 우리가 직접 해주는 방식으로 하시오."

"예, 알겠습니다."

이병철의 지시로 며칠 후 다시 부산 조선소와 선체 조립이 본격화되며, 조선소 분위기도 많이 달라지기 시작했다.

임시로 꾸려진 기능공 훈련소에서는 기계공고 출신 20여 명이 주간조·야간조로 나뉘어 실습 중이었다.

현장 기술사들과 짝을 이뤄, 그들은 현장 감각을 빠르게 익히고 있었다.

조선기술팀장 장영호는 점점 나아지는 작업 속도에 놀랐다.

"처음엔 걱정했지만, 젊은 친구들이 빠르게 배우고 있습니다. 장기적으로 봤을 땐 S그룹 기술 인력으로도 키울 수 있을 것 같습니다."

이병철은 고개를 끄덕였다.

"그래야죠. 선박사업은 기술과 인력이 전부인 것 아니오. 손기술과 경험이 합쳐져야 배가 물 위를 쉽사리 뜨는 법이오."

드디어 6월 말, 사가미 해운의 기술감독단이 현장을 찾았다.

일본 기술감독답게 그들은 철판 두께와 용접 라인 상태, 방수 패널, 선미 구동부까지 꼼꼼히 검토했다.

"생각보다 정밀도가 높은 편이군요. 솔직히 말하자면, 일본의 민간 조선소와 비교해봐도 조금 나은 면이 있습니다."

일본인 특성상 입에 발린 말이 아니라는 것을 알기에 이병철은 짧게 웃으며 말했다.

"우리는 항상 시간은 부족하지만, 이미 절박함만큼은 세계 최고니까요."

그날 밤, 사가미 해운 측은 최종 서명을 마쳤고, S중공업은 공식적으로 첫 해외 선박 계약 납품 일정 확정이라는 이정표를 세웠다.

⁂ TimeCosmos Note

전기규격(110V vs 220V) 불일치, 숙련 기능공 부족, 자재 품질 문제 등은 실제로 1970년대 한국 산업이 겪던 전형적인 성장통이었다.

"공장에서 배를 만드는 것이 아니라, 사람을 만들어야 배가 만들어진다"는 숨은 메시지처럼, 이병철은 이 시기부터 단순 제조가 아닌 '기술 내재화'와 '인재 육성'을 경영의 핵심으로 삼았다.

⁂ 역사적 배경

① 전기 규격 차이 문제(110V ↔ 220V)

1970년대 한국은 일본 중고 기계를 많이 들여왔는데, 이때 변압기 설치, 전력 안정화, 과열 방지 문제가 자주 발생했다.

이러한 전압 문제는 단순한 기술 문제가 아니라 운영비 증가, 안전사고, 작업 효율 저하로 직결되었기에 많은 문제가 발생했다.

② 기능공 부족과 인력훈련 문제

1970년대 중반까지 한국에는 조선 관련 고급 기능인력이 매우 부족한 상황이었다.

부산기계공고, 마산공고, 울산공고 출신 졸업생들이 조선산업 기초를 형성했으나, 대부분 경험 부족 상태였다.

따라서 정부와 민간 기업은 자체 '기능공 훈련소'를 만들었고, 숙련 기술자와 젊은 기능인을 현장 짝지어 실습시키는 "On the Job Training(OJT)" 방식을 채택하기도 하였다.

✻ 회귀적 통찰

1. 문제는 기술이 아니라 '표준의 차이'에서 온다.

전기규격처럼, 산업의 표준이 다르면 기술이 있어도 무용지물이 된다.

글로벌화란 기술 이전이 아니라 '표준의 호환'을 확보하는 일이다. 윤진혁은 전기 문제 하나에서도 이 점을 간파하고 즉각 대응한다.

2. 인재는 준비되어 있지 않지만, 기회는 지금뿐이다.

숙련기술자가 부족하다는 건 변명일 뿐이다. '**숙련자는 채용하고, 비숙련자는 곁에 붙여서 육성**'한다는 방식은 인재 양성의 고전이자 핵심 방법 중 하나이다.

3. 자재 품질은 단가보다 신뢰의 문제다.

2등급 철판을 받아 사용하면서 일본 측이 단가를 깎으려 하자, 윤진혁은 품질 보증과 기술 명세를 우선시하는 전략적 대응을 했다.

이는 단순 제조업자가 아닌 글로벌 거래자로서의 관점을 의미한다.

4. 기술은 사는 것이 아니라, 사람을 통해 흡수해야 한다.

일본 기술자에게 연수만 요청한 게 아니라, 젊은 인재를 현장에 붙여 스스로 기술을 습득하게 만든 점은 윤진혁 경영 방식의 정수다.

기계보다 사람, 속도보다 체질이란 말이 그대로 현장에서 구현된다.

"가격보다 무거운 것이 신뢰다.
품질 없는 거래는 오래가지 못한다."

23장. 위기의 파도, 공정을 바꾸다

1972년 겨울, 부산조선소 회의실.

창문 밖으로는 바닷바람에 실린 소금기와 매서운 한기가 휘몰아치고 있었다.

멀리 항구에 정박한 선박들의 안개 경적이 낮게 울렸다.

회의실 안 공기는 더 차갑고 무거웠다.

기획실 박정석 이사가 두툼한 보고서를 펼치며 말을 시작했다.

"국제 유가 하락으로 원유 운반선 발주가 절반 이상 줄었습니다.

미국과 유럽의 해운회사 대부분이 발주를 보류하거나 취소했습니다."

옆자리 박 과장이 숨을 몰아쉬며 덧붙였다.

"환율도 불안정하고… 일본 미쓰비시·히타치 조선소는 가격을 대폭 낮췄습니다.

현재 우리보다 최소 10% 이상 싸게 수주를 따내고 있습니다."

이병철은 서류에서 눈을 떼지 않은 채 물었다.

"지금 상태로라면… 이 상황을 얼마나 버틸 수 있겠소?"

박 이사는 잠시 침묵하다가 고개를 저었다.

"현 공정 구조로는 장담하기 어렵습니다.

여전히 '선박을 현장에서 하나씩 조립'하는 방식이라 생산 속도가 느리고, 품질 편차도 경쟁사 대비 큰 편입니다."

회의실에 정적이 흘렀다.

바깥의 바람 소리가 마치 회사의 운명을 예고하는 듯, 창문 틈새를 스쳤다.

이병철은 고개를 천천히 끄덕이며 입술을 굳게 다물었다.

몇 주 뒤, S중공업 기술연구소.

긴 테이블 위에는 국내외 조선기술 논문, 독일·일본의 보고서, 그리고 사진 자료들이 산처럼 쌓여 있었다.

형광등 불빛 아래, 금속성 냄새와 기계 윤활유 냄새가 뒤섞였다.

그는 이미 독일 함부르크 조선소의 **'모듈식 건조 시스템'**을 검토하며 나름 최종 결론을 도출하고 있었다.

"흠, 선박을 블록 단위로 나눠 미리 공장에서 제작하고, 현장에선 조립만으로 완성하는 방식은 자동차 생산 공정과 유사하지만, 품질 제어와 속도 모두에서 혁신적인 방법이라 할 수 있지."

이병철은 생각에 잠긴 채 책상을 두드리며 말했다.

"우리가 속도와 품질을 잡을 수 있는 건 바로 이거요. 이제부터 우리는 새로운 공법으로 시간과 비용을 절감하는 방식으로 진행힐 기요."

1973년 봄, 거제조선소 블록 제작공장 시범라인.

거대 크레인이 50톤짜리 선미 블록을 장난감처럼 들어 올리고 있었다. 현장 책임자 김영한 부장은 긴장된 눈빛으로 지켜봤다.

"이렇게 거대한 구조물을 공장에서 미리 만들고 조립하는 건 처음입니다. 게다가 아시아에선 우리가 처음이라니 모두가 놀라워합니다."

이병철이 곁에서 응시했다.

"처음엔 다 낯설고 위험하지요. 하지만 '배 전체를 현장에서 만들던 시대'는 앞으로 사라지게 될 거요. 이제는 '신공법'으로 경쟁하는 시대가 오는 거요."

조립된 블록은 정해진 치수 오차 범위 1mm 이내로 정확히 맞춰졌다.

테스트 선박이 성공적으로 진수되자, 현장의 긴장된 분위기는 단박에 축제 분위기로 바뀌었다.

2년 후인 1975년 말, 생산성은 22% 향상되었고, 조선 기간은 평균 2개월 단축됐다.

이듬해엔 '용접 자동화 설비'와 '도장 로봇'이 추가 도입되며 기술 기반은 더욱 탄탄해졌다.

기획실 박 이사는 현장에서 이병철에게 보고했다.

"도입 2년 만에 생산성은 35%까지 향상됐고, 품질 불량률은 절반으로 줄어들었습니다. 오히려 자동화 라인 도입 이후, 미쓰비시와의 경쟁에서도 이제는 우리가 가격·속도 모두 앞서고 있습니다."

이병철은 수평선을 바라보았다.

멀리서 S중공업의 선박 한 척이 바다를 가르며 떠나가고 있었다.

하얀 물살이 햇빛을 받아 반짝였다.

"늦었다고 생각할 때가 가장 빠른 법이지.

일본과 우리의 차이는 앞으로 이런 데서 나타날 거요."

그의 눈빛은 파도 위로 길게 드리워졌다.

위기의 파도를 뚫고 나아가는 배처럼,
S중공업의 미래도 이제 힘차게 나아가기 시작했다.

✲ TimeCosmos Note

이 장은 1983년 국제 유가 하락이라는 글로벌 외생 변수가 한국 조선업에 어떤 영향을 끼쳤는지, 그리고 S중공업이 '모듈화 건조방식'(Block Construction System)과 자동화 기술로 어떻게 생존 돌파구를 열었는지를 보여준다.

이병철은 단순히 위기에 대응한 것이 아니라, 산업 공정의 패러다임을 바꾸는 결단을 내렸다. 이는 한국 조선 산업이 저임금 중심 조립모델에서 기술 경쟁력 중심 산업으로 전환한 대표적 사례라 할 수 있다.

✲ 역사적 배경

실제 역사에서는 1980년대 초반 이란-이라크 전쟁 이후 유가가 폭등했다가 1983년 이후 급격히 하락하게 되지만 본 작품에서는 10년 전으로 설정하여 서술하였다.

전통적 조선 방식은 '선박 전체를 현장에서 제작'하던 방식이었다. 이는 품질 편차가 크고, 생산 기간이 길며, 비용 상승 문제를 유발하는 단점이 있었다.

독일 등 일부 유럽의 선진 조선소는 80년대 초부터 모듈형 블록 생산을 도입하였고 이는 자동차 산업의 분업 및 표준화 개념을 차용한 것이라 할 수 있다. 실제 S중공업은 1984년부터 거제조선소에 시범 도입, 1985~86년 생산성·품질 동시 향상시켜 왔다.

자동화 설비의 시작은 1980년대 중반부터 용접 자동화 설비, 도장 로봇을 도입하기 시작하였고 수작업 중심에서 로봇 기반 반복 작업 자동화로 전환되면서, 인건비 절감과 품질 균일화를 실현하게 되었다. 이때를 기점으로 한국 조선소들이 일본을 앞지르기 시작한 핵심 기술 기반이 마련되었다.

⁑ 회귀적 통찰

1. 공정은 기술보다 강력한 경쟁력이다.

기술은 모방되지만, 공법은 축적된다. 즉, 공법 전환은 단기간 경쟁우위를 넘어서 장기지속 가능성을 담보하는 무기가 될 수 있다.

2. 위기는 다음 단계를 위한 시스템 전환의 계기다.

기존 방식이 통하지 않을 때, '새로운 표준'을 먼저 발빠르게 도입한 자가 시장을 선도한다. 그 표준은 결국 공정의 언어로 설명된다.

3. 조직은 생존보다 진화를 선택할 때 강해진다.

S중공업이 위기 속에서 '살아남자'가 아니라 '다르게 만들자'를 선택한 순간, 그들은 생존을 넘어 글로벌 리더가 되었다.

"위기는 시스템을 바꾸라는 신호다."
"새로운 표준을 먼저 잡는 자가
시장을 선도한다."

24장. S중공업, 거친 파도 위에 우뚝 서다

1974년 초, 부산 영도조선소.

차가운 바닷바람이 도크를 훑고 지나가자, 용접 불꽃과 철 냄새가 섞인 공기 속에서 한기가 맴돌았다.

부두 한쪽에서는 크레인이 천천히 10톤짜리 철판을 들어 올리고, 그 밑에서는 용접공들이 마스크를 쓴 채 불꽃을 터뜨리며 쉴 없이 작업을 이어갔다.

김병호 공장장은 헬멧을 벗어 땀을 훔치며 중얼거렸다.

"처음엔 이게 될까 싶었는데… 이제 꽤 조선소 같아졌군."

박 이사는 두 손을 주머니에 넣은 채 도크 안을 바라보며 답했다.

"산은 하나 넘었지만, 아직 바다를 건넌 건 아니지요.

지금부터가 진짜 시작입니다. 다들 더 긴장해야 합니다."

그 시기, S중공업의 수주 상황은 서서히 나아지고 있었다.

유럽 해운사 두 곳과 후속 계약이 성사됐고, 국내 기관 발주도 조금씩 늘었다.

하지만 이병철이 가장 눈여겨본 건, 사우디아라비아에서 날아온 한 통의 정식 공문이었다.

"한국이 자체적으로 만든 선박의 도입 여부를 검토하고자 하니 관련 정보를 송부 바랍니다."

사우디 상공부 산하 국영 운수 기업 알하자라 수운공사의 서명과 인장이 찍혀 있었다.

"회장님, 만약 이게 실제 계약으로 이어진다면…
우린 한국 최초로 중동에 배를 수출하는 회사가 되는 겁니다."

외교통상부 출신으로 새로 합류한 한승우 과장이 흥분 섞인 목소리로 말했다.

이병철은 서한을 한참 들여다보다가 짧게 대답했다.

"그렇다면, 내가 직접 가봐야겠소."

한 달 뒤, 이병철은 외교 담당자 2명과 함께 바레인과 사우디를 잇는 출장길에 올랐다.

사막 공항에 내리자, 모래바람이 얼굴을 스쳤고 공기는 숨 막힐 듯 뜨거웠다.

낯선 아랍어 표지판과 권위적인 공항 관리들,

어느 한 걸음도 통역 없이는 나아가기 힘든 폐쇄적인 관료 문화가 낯설었다.

사우디 항만청 담당자와의 협상 자리.

낯선 방 안에는 시계 초침 소리마저 크게 울렸다.

담당자가 차가운 눈빛으로 질문을 던졌다.

"귀국의 선박이 고온·고습 환경을 버텨낼 내구성을 증명할 수 있습니까? 우린 바다뿐 아니라 사막 기후도 고려해야 합니다."

이병철은 담당자가 미리 준비해 온 내구성 자료, 방열 시스템, 엔진 냉각 장치 설계서를 직접 설명하고 이렇게 덧붙였다.

"귀국의 자연환경을 이미 고려해서 준비해봤습니다. 우리도 열악한 자연환경에서 살아남아야 했던 나라 중 하나입니다. 당신들보다 뜨겁고, 당신들보다 습한 더운 여름을 겪고 있는 나라입니다. 그 경험으로 우리는 지금도 배를 만들고 있습니다."

자료를 뚫어지게 보던 담당자의 눈이 내구성 관련 자료에서 한참 동안 시선이 떨어질 줄 모르더니 이내 호탕하게 말했다.

"좋소. 당신들 배, 테스트용 한 척을 먼저 수입하겠소. 만약 잘 운행된다면 3년 내 10척 도입을 검토하겠소."

그 순간, 이병철은 짧게 숨을 내쉬며 기쁨의 악수를 청했다.

2년 후, 1975년 12월.

겨울 바람이 매서운 부산항 부두.

차가운 공기 속에서 하얀 입김이 피어올랐고, 수평선 위로 낮게 깔린 구름이 바다와 맞닿아 있었다.

부두에는 수백 명의 직원과 가족들이 삼삼오오 모여, 숨죽인 채 거대한 선박을 바라보고 있었다.

드디어 S중공업의 중동 수출 1호선이 사우디 해운사 알하자라의 깃발을 달고 출항하는 순간이었다.

선박의 선체는 새로 칠한 진한 청색이었고, 함미에 달린 사우디 깃발이 바닷바람에 세차게 펄럭였다.

정비 담당자, 통신 기사, 기술자 세 명이 선박 위에 올랐고, 그들의 얼굴에는 긴장과 설렘이 함께 묻어 있었다.

기적 소리가 항구를 가르며 길게 울렸다.

부두의 공기마저 떨리는 듯, 모든 시선이 거대한 선박으로 모였다.

"회장님, 저 휘날리는 깃발 보이십니까?"

김병호 공장장이 목소리를 높였다. 눈가가 살짝 젖어 있었다.

이병철은 두 손을 코트 주머니에서 꺼내며, 찬 바닷바람을 맞은 얼굴로 선박을 바라봤다.

"그래요. 정말 우리의 1호선과 너무나 잘 어울리는 깃발이오. 아무것도 없던 불모지에서 우리가 이뤄낸 성과라… 더욱 감동적이구려."

그는 잠시 숨을 고르며 김병호를 바라봤다.

"이제 우리는 모든 것을 수입하던 나라에서, 모든 것을 수출하는 나라가 됐소. 하지만 진짜 도전은 지금부터요. 세계 누구나가 사고 싶어 하는 '한국산 배', 그게 우리의 다음 목표요."

부두 위에서 직원들이 조용히 박수를 치기 시작했다.

하얀 물보라가 부서지며 거대한 선박이 천천히 부두를 떠났다.

선박의 뒷모습이 점점 멀어지고, 알하자라 깃발이 겨울 햇살에 반짝였다.

그 순간, 이병철의 가슴속에서는 말로 할 수 없는 벅참과 긴장감이 뒤섞였다.

눈앞의 배 한 척은 단순한 수출품이 아니었다.

한국이 드디어 조선 강국의 첫발을 내딛는 상징이었고, S중공업의 이름이 세계 바다에 처음으로 새겨지는 순간이었다.

⁂ TimeCosmos Note

실제 역사인 1983년 국제 유가 하락은 조선업계 전체에 큰 충격을 주었고, S중공업도 예외가 아니었다. 이병철은 위기를 생산방식 혁신의 기회로 삼아 '모듈식 건조방식'(Modular Construction)을 도입했다. 이는 선박 건조를 블록 단위로 나눠 제작한 후 조립하는 방식으로, 기존의 수작업 중심 조선과 달리 자동화·표준화·속도 향상을 가능케 했다. 이후 S중공업은 선박 품질의 균일성, 건조 속도, 가격 경쟁력에서 글로벌 경쟁사들을 앞지르며 '세계 최강 조선소' 반열에 오르게 된다.

⁂ 역사적 배경

1980년대 초반, 전 세계 조선업계는 제2차 석유파동(1979) 이후 경기 침체, 유조선 수요 급감, 고금리와 달러 강세 등 삼중고를 겪고 있었다. 일본은 가격 인하로 대응했고, 유럽은 조선산업 축소로 방향을 틀었다.

한국 정부는 이를 기회로 보고 오히려 조선소 대형화, 기술 인력 양성, 블록 건조 방식 전환에 집중 투자하였다. 현대·S그룹·대우 등은 독일·덴마크·핀란드 등의 기술을 벤치마킹하며 생산 공정 혁신을 추진했고, 그 결과 1980년대 후반에는 한국이 세계 1위 수주량 국가로 부상하게 된다.

S중공업이 거제조선소에서 블록 생산과 자동화 설비를 도입한 것은 이 흐름의 선노적 사례다.

⁂ 회귀적 통찰

진짜 위기란 시장의 침체가 아니라, 생산방식의 낙후다. 변화는 예측할 수 없지만, 공정방식은 언제든 통제 가능하다. 기존의 수작업 중심 방식을 고수하는 것은 과거의 안전지대를 고집하는 것이며, 이는 미래 생존을 보장하지 않는다.

모듈화는 단순한 기술이 아니라, 사고방식의 전환이다.

앞으로의 산업은 '제품'보다 **'프로세스'가 경쟁력을 좌우하며**, 자동화 + 표준화 + 공정혁신 = 미래 산업의 생존 방정식이 된다는 점을 이 장에서는 명확히 보여준다고 하겠다.

"산업의 미래는 제품보다 공정,
속도보다 체질에 달려 있다."

25장. 산업의 쌀, 반도체

겨울은 유난히 깊었다.

수원 본사 사무동의 유리창엔 하얀 서리가 앉아 있었고, 복도 끝 난방기에서 올라오는 따스한 공기마저 차가운 공기 속에 묻혀버렸다.

이병철은 조용한 회의실 안에서 홀로 앉아 있었다.

테이블 위에는 국내외 신문 스크랩, 기술 보고서, 통계자료, 산업 동향 리포트가 산처럼 쌓여 있었다.

그의 눈은 한 장의 보고서에 멈췄다.

〈1976년 세계 반도체 시장 예상 규모: 16억 달러 – 매년 연평균 20% 성장률 전망 예상〉

보고서는 미국 반도체 산업협회에서 전년도 실적을 발행한 것이었다. 인텔, AMD, 내셔널세미컨덕터 등 신생 기업들의 폭발적 성장세가 담겨 있었고, 일본의 NEC·히타치·도시바가 정부 주도로 DRAM 개발에 착수한 상황이 일목요연하게 요약돼 있었다.

이병철은 천천히 고개를 끄덕이며 독백했다.

"예상보다 빠르군. 이제 더는 망설일 시간이 없겠어."

며칠 뒤, S그룹 주요 임원이 모두 모인 전략 회의.

그는 특별히 'S그룹의 다음 10년'이라는 주제로 임원진을 소집했다.

이병철은 스크린에 한 장의 도표를 띄웠다.

〈기술 변화 주기별 세계 시장 주도 산업〉
- 1950년대: 기계와 전기
- 1960년대: 가전과 통신
- 1970년대: 반도체와 컴퓨터
- 1980년대: 정보산업과 자동화

그는 말없이 도표를 가리켰다.

"여러분, 이제 산업의 중심은 바뀌고 있습니다. 기계가 아니라 정보, 그리고 그 정보를 다루는 두뇌가 핵심인 시대가 왔습니다. 그 두뇌는 바로 산업의 쌀 반도체입니다."

회의실 안은 정적에 잠겼다.

한 임원이 깊게 고민하더니 나지막이 입을 열었다.

"회장님, 반도체는 우리에겐 아직도 너무나 낯선 분야입니다. 제 생각엔 지금 현시점에선 컬러TV와 가전 확대에 집중해야 할 시기가 아닐까 싶습니다. 회장님이 말씀하신 반도체는 그야말로 야심만만한 젊은이들이 도전하는 벤처 산업과도 같습니다."

또 다른 임원도 덧붙였다.

"게다가 기본 장비도 없고, 설계 인력도 국내엔 전무합니다. 설사 기본 장비와 설계 인력이 갖추어진다고 해도 외국 인력 영입은 너무 고비용이고, 공정 수율은 10%도 안 될 겁니다. 한마디로 깨진 독에 물 붓기일 겁니다."

이병철은 잠시 말을 멈췄다가, 가방에서 두꺼운 보고서 한 권을 비서실장에게서 건네받았다.

S그룹의 미래기획실에서 준비한 장기 기술 보고서였다. 그는 페이지를 넘기며 설명을 이어갔다.

"잘 들어보세요. 미국의 반도체 상황은 어떤지 제대로 알고 여러 임원들은 정말 신중히 발언해야 할 겁니다. 지금 미국 인텔의 깨알만 한 4004칩은 지금 어떻게 사용되고 있는지 알고 있는 임원 있습니까?"

임원들은 서로 눈치를 보며 쉽사리 답하지 못했다.

"놀랍게도 현재 미국의 모든 계산기에 들어가 있습니다. 그전까지는 CPU가 대형 메인프레임에 내장되어 있었으나 지금은 모든 계산기에 들어가고 있는 실정이란 말입니다. 생각해보세요. 앞으로 이 깨알만 한 게 계산기에만 들어가겠습니까? 아마도 제 생각엔 이 작은 칩이 앞으로 전화기, 컴퓨터, 자동차, 심지어 냉장고까지 전부 다 들어갈 겁니다. 이건 공상 영화가 아닙니다. 이게 지금 실리콘밸리에서 벌어지고 있는 실제 현실입니다."

그가 다시 스크린을 전환하자,

회의실 벽 가득히 새로운 문서가 떠올랐다.

〈S그룹이 반도체에 진입해야 하는 이유〉
  - 기술 독립 : 수입품에 의존하는 전자산업 구조를 반도체를 통해 탈피
  - 산업 확장성 : 전자·가전·통신·컴퓨터 등 전방위 응용 가능
  - 지식 자산 확보 : 20세기 말 가장 강력한 자산은 기술과 특허

이병철은 잠시 임원진의 얼굴을 천천히 훑어보았다.

창밖엔 겨울 햇빛이 희미하게 스며들고 있었지만,

회의실 안의 공기는 더 차갑고 무거웠다.

"이제부터 S그룹은 단순한 제조 기업이 아니라, 기술을 창조하는 기업이 되어야 합니다."

그의 목소리는 낮지만 단단했다.

"우리가 만드는 건 단순히 생산만 하는 TV가 아닙니다. 세상을 연결하는 언어를, 그 언어의 알파벳이 되는 반도체를 만들어야 합니다."

그날 이후, 임원들 사이의 분위기는 서서히 바뀌기 시작했다.

처음엔 반대와 두려움이 컸지만,

몇몇 임원은 주말에도 사무실에 남아 미국·일본의 반도체 산업 보고서를 밤늦게까지 뒤적였다.

이병철은 직접 기술 자문단을 꾸려,

미국 실리콘밸리와 일본 도쿄의 최신 기술 동향을 매일 보고 받았다.

보고서 표지에는 이렇게 적혀 있었다.

〈국내 전자산업의 두 번째 도약, 반도체〉

같은 해 연말, 수원 본사.

차가운 바람이 창밖을 스치던 저녁,

이병철은 비서실장이 올린 한 장의 결재 서류를 조용히 집어 들었다.

〈S그룹 반도체 연구개발팀 설립안〉

그는 잠시 펜을 들고 생각에 잠겼다.

1970년대 후반,
한국의 전자 산업은 여전히 조립·생산 중심에 머물러 있었다.
하지만 이 한 줄의 서명이 찍히는 순간, S그룹은 기술 독립을 향한 첫걸음을 내딛게 될 것이었다.
펜 끝이 서류 위를 천천히 지나갔다.
〈승인〉 – 이병철
그 순간, 조용한 사무실 안에서 종이 한 장이 떨어지는 소리가 유난히 크게 울렸다.
그 한 장의 서류는, 한국 반도체 산업의 첫 심장 박동과도 같았다.

⁂ TimeCosmos Note

1974년부터 1975년 말, 이병철은 미국·일본의 반도체 시장 동향을 분석한 끝에 S그룹의 미래 먹거리로 반도체 산업을 낙점했다.

당시 대부분의 재계 인사들과 내부 임원진이 반도체를 "깨진 독에 물 붓기"로 보았던 시기에, 그는 반도체를 '**산업의 쌀**'이라 부르며 이를 그룹의 장기 전략으로 추진했다.

이 결정은 훗날 S전자가 세계 메모리 반도체 시장의 패권을 잡는 결정적 전환점이 된다.

1975년 말 결재된 'S그룹 반도체 연구개발팀 설립안'은 오늘날 S그룹 반도체 신화의 실질적 출발점으로 기록된다.

⁂ 역사적 배경

1970년대 중반, 미국 실리콘밸리에서는 인텔이 세계 최초의 마이크로프로세서(4004, 1971년)를 상용화했고, 이후 8008, 8080 등을 연이어 출시하며 급격한 산업 전환을 주도하고 있었다.

애플, 모토로라, 내셔널 세미컨덕터, AMD 등 벤처기업들이 폭발적으로 성장하며 '**디지털 시대**'의 서막이 열렸다.

일본 정부도 VLSI(초대규모 집적회로) 프로젝트를 통해 NEC, 도시바, 히타치 등의 반도체 기술을 국가 주도로 끌어올리고 있었다.

한국은 아직 반도체 생산 인프라, 인력, 장비 모두 부재한 상황이었고, 대부분의 전자 제품은 외산 반도체 의존 상태였다.

⁂ 회귀적 통찰

산업의 방향을 바꾸는 사람은 수치를 따르는 사람이 아니라, 변곡점을 예감하는 자다. **반도체는 단순한 부품이 아니라, 산업 간 경계를 무너뜨리는 인프라 기술이다.**

TV, 냉장고, 전화기, 자동차… 그 모든 전자 기기들은 결국 데이터를 처리하는 하나의 '두뇌'를 필요로 하게 된다.

실제 이병철의 통찰은 다음과 같은 미래 감각에 기반했다.

지금 당장의 수익보다 10년 후의 중심 기술을 좇는다. 기술의 '사용자'에서 '창조자'로 전환하지 않으면 독립할 수 없다. 미래의 자산은 공장보다 특허, 설비보다 설계자다. 지금은 낯설고 손해 같아 보여도, 미래의 기본 언어를 설계하는 기술에 먼저 투자해야만 기술 주권을 쥘 수 있다.

이 판단이 20년 후, 한국을 '반도체 강국'으로 만드는 출발점이 되었다.

"눈앞의 이익보다
10년 뒤의 중심 기술을 좇는 자만이
독립할 수 있다."

26장. 쥬라기 공룡처럼 기지개를 켜다

1976년 봄, 경기도 수원 외곽.

황량한 들판 위에 조립식 건물 몇 동이 올라가기 시작했다. S그룹 최초의 반도체 연구 시설. 이름만 연구소일 뿐, 실상은 일반 3층 건물을 개조한 임시 사무실에 가까웠다.

이병철은 당시 그 자리에 서 있었다.

넓게 펼쳐진 벌판, 먼지 날리는 건설 현장. 그는 풍경을 천천히 훑어보다가, 뒤따라오던 실무진에게 물었다.

"연구원은 몇 명이나 준비됐나?"

"연구 인력 15명입니다. 대부분 일본에서 돌아온 전자공학 석사들이고, 장비 엔지니어는 3명뿐입니다."

"그 정도면 일단 충분하겠지."

그는 그렇게 말했지만, 알고 있었다. 반도체 개발은 사람 수로 되는 일이 아니라는 걸. 그것은 말 그대로, '보이지 않는 바늘귀'를 통과해야 하는 일이었다.

첫 시제품은 '256비트 MOS 메모리'.

지금 기준으론 흔하디흔한 구식이지만, 당시 대한민국에선 설계도 한 장조차 보기 힘든 물건이었다.

일본 소니에서 기술 고문으로 일하던 엔지니어 오카베 히로시를 설득하여 공을 들이는 데만 두 달이나 걸렸다.

그는 전자파 측정과 클린룸 공정에서 아시아 최고 기술자 중 한 명으로 평가받던 인물이었다.

서울 신라호텔 스위트룸에서 진행된 채용 협상. S그룹 측은 파격적인 조건을 내걸었다.

"연봉은 현재의 세 배. 주거는 S그룹 소유 최고급 아파트와 벤츠 제공.

입국 시 가족 동반 가능하며, 자녀의 교육 지원은 전폭적으로 보장하겠습니다."

오카베는 마지막까지 고민하다 조용히 물었다.

"그런데… 왜 한국 같은 나라에서 굳이 반도체를 하려는 겁니까? 일본도 아직 갈 길이 먼데."

박 이사는 미소 지으며 말했다.

"작은 나라지만 우리도 많이 늦었습니다. 그러나 가장 늦게 출발했다고 해도, 가장 먼 곳까지 갈 수 있다고 생각합니다."

그러나 현실은 냉혹했다.

첫 공정에 투입된 시제품 수율은 고작 1.8%.

연구소 모니터에 숫자가 찍히자, 실험실은 정적에 휩싸였다.

시제품 100장을 만들어도, 쓸 수 있는 건 두 장도 되지 않았다.

그 외 98장은 깨진 조각과 다름없는, 그야말로 쓰레기였다.

문제는 거기서 끝이 아니었다.

일본에서 어렵게 들여온 핵심 장비는 자주 경고음을 내며 멈췄고, 클린룸 관리 기준도 불안정했다.

습도가 조금만 높아져도 회로가 타버렸고, 눈에 보이지 않는 먼지 한 알이 칩 하나를 무용지물로 만들었다.

"이건 그냥 돈을 태우는 거 아닙니까?"

"1년 넘게 테스트만 하고, 제품 하나 못 뽑았다니 말이 됩니까?"

임원 회의실에서 날 선 목소리가 오갔다.

몇몇 경영진은 아예 사업 철수를 권유했다.

"회장님, 지금이라도 접으셔야 합니다. 반도체는 우리랑 맞지 않습니다."

이병철은 묵묵히 보고서를 내려놓고 모두를 바라봤다.

그리고 단호하게 입을 열었다.

"여러분, 이런 상황을 예상 못했습니까? 누차 말했지만 다 알고 시작한 일 아니오?

지금은 안갯속을 걷는 것 같아도, 한 걸음씩 나아가면 언젠가는 반드시 길이 열립니다.

반도체 산업은 눈에 보이지 않는 바늘귀를 통과하는 일만큼 어렵소. 그러나 그 바늘귀는 앞으로 세상을 꿰뚫는 문이 될 것이오.

그러니 여러분은 연구원들의 뒤를 든든히 받쳐주기만 하면 됩니다."

몇 달 뒤, 수원 연구소의 실험실.

연구원 한 명이 손에 작은 웨이퍼를 들고 뛰어 들어왔다.

"회장님, 수율이… 드디어 8%까지 올라갔습니다! 첫 테스트 칩이 정상 작동하고 있습니다!"

비서실장이 전화를 통해 이 소식을 전했을 때, 이병철은 잠시 눈을 감았다가 고개를 천천히 끄덕였다.

그의 어깨가 살짝 풀리며, 짧은 한숨이 새어 나왔다.

그날 밤, 연구소 근처 숙소에서 그는 오랜만에 세상에서 가장 깊은 꿀잠을 잤다.

몇 달 후, 수원 반도체연구소는 국내 최초로 자체 설계한 512비트 메모리 시제품을 완성했다.

황량한 벌판에 세워진 조립식 건물에서 시작한 도전은,

서서히 쥬라기 공룡처럼 거대한 기지개를 켜고 있었다.

아직 세상은 이 움직임을 눈치채지 못했지만,

머지않아 그 발걸음은 한국 산업의 지형을 뒤흔들 준비를 마치고 있었다.

⁂ TimeCosmos Note

1976년, S그룹은 경기도 수원에 최초의 반도체 연구 시설을 세웠다.

이 시설은 초라한 조립식 건물에 불과했지만, 대한민국 반도체 산업의 시작점이 되었다.

이병철은 일본 엔지니어 오카베 히로시를 파격 조건으로 영입하고, 내부 수율이 2%에도 미치지 못하는 상황에서도 흔들림 없이 "바늘귀를 통과하는 일"로 비유하며 끝까지 사업을 밀어붙였다.

이듬해, 수율은 8%로 상승했고, 국내 최초 자체 설계 512비트 메모리 시제품이 완성되었다.

이 일련의 흐름은 대한민국이 단순 가전 조립국에서 기술 창조국으로 전환하는 결정적 순간이었다.

⁂ 역사적 배경

1970년대 후반, 세계 반도체 산업은 본격적인 메모리 전쟁의 서막을 맞고 있었다.

미국 인텔과 일본 도시바·NEC·히타치는 1K DRAM을 넘어 4K, 16K, 64K DRAM 개발에 집중하고 있었고, 국가 차원에서 초정밀 공정 기술(VLSI) 및 자동화 장비, 클린룸 시스템을 갖추기 위한 투자가 활발히 진행되었다.

당시 한국은 클린룸 개념조차 생소했고, 고순도 실리콘 웨이퍼, 회로 설계, 리소그래피 등 핵심 기술과 인프라 대부분을 수입에 의존해야 했다.

수율이 5%만 되어도 선진국 수준에서 '성공적'이라 평가받는 산업 구조에서, S그룹은 사실상 기술도 없이 시작해야 하는 '무에서 유를 창조하는' 도전에 나선 셈이었다.

⁂ 회귀적 통찰

기술 혁신은 돈이 아니라 **신념**과 **시간**의 싸움이다. 수율이 2%일 때, 모두가 실패라 말했지만 진짜 실패는 **'중단'**이고, 진짜 성공은 **'지속'**에 있다.

윤진혁은 다음과 같은 **전략적 통찰력**을 실현해 냈다.

- 기술은 사람에서 시작된다. → 핵심 인재 확보가 가장 먼저다.

- 외부 기술에 의존하지 않는다. → 불완전한 장비도 직접 개조하고 배운다.

- 장기전을 감수한다. → 수익보다 '기술 자립' 자체가 목적이다.

'반도체 수율'이라는 기술적 지표는 단순한 숫자가 아니라, 국가 기술주권과 산업 창조 능력의 상징이었다. 당시의 512비트는 작지만, 그 성과는 이후 64K, 256K, 그리고 1M, 4M D램으로 확장되며 S그룹이 세계 반도체 시장의 주도권을 거머쥐는 발판이 되었다.

"기술 혁신은 돈으로 사는 것이 아니라,
신념과 시간으로 버티는 것이다."

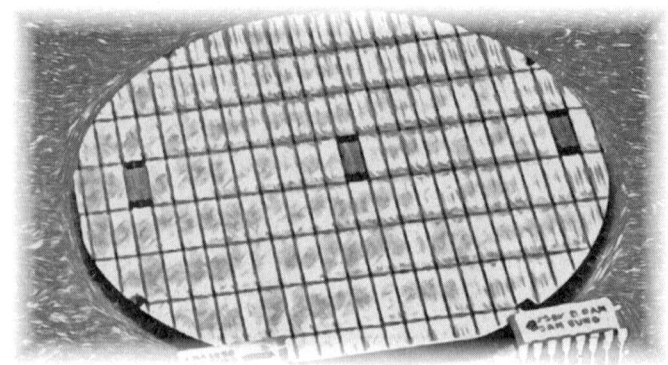

27장. 사람과 프로세스를 맞바꾸는 미친 일을 하다

1978년 1월, 수원 S전자 반도체 연구소.
"라인 전원 투입합니다."
칩이 장비에 삽입되고, 조용히 스위치가 눌러졌다.
모니터에는 곧 전류 흐름, 리드/라이트 속도, 셀 반응률이 순차적으로 표시되기 시작했다.

  – 전류 흐름: 안정화됨.
  – 읽기/쓰기 반응: 94% 이상.
  – 테스트 셀 오류율: 0.3% 이내.

잠시 침묵이 흐른 뒤, 박준태 연구소장이 드디어 입을 열었다.
"성공입니다. 회로 정상 작동 확인했습니다."
이 결과가 나오기까지는 단지 기계만으로 된 일이 아니었다.
수율 향상, 그건 말 그대로 **'사람과 프로세스를 맞바꾸는 미친 일'**이었다.

수율 개선의 3단계 전략을 설명하면 다음과 같다.

1단계는 공정 환경의 정밀 제어 단계로 가장 먼저 손을 댄 것은 '먼지'였다.

클린룸 내의 먼지 입자는 반도체 수율을 좌우하는 가장 큰 변수 중 하나였다. S전자는 이를 위해 다음과 같은 조치를 단행한다.

- HEPA 필터 교체 주기 2주 단축 및 정전기 방지 바닥재 시공.
- 습도 45%, 온도 21.5℃ 조건 유지 자동화 실시.

이 조치 이후, 웨이퍼 표면 입자 오염도는 평균 1.9ppm에서 0.5ppm 수준으로 감소했다.

2단계는 새 장비 교체 투입과 생산 라인 구조 조정을 진행했다.

반도체 장비의 노후화와 편차는 칩 불량의 주요 원인이었다.

이를 해결하기 위해 S전자 메모리 사업부에서는 도쿄일렉트론에서 최신 포토장비를 수입해 라인당 1대씩 투입하고, 기존 장비는 보조공정용으로 전환했다. 또한, 식각 공정의 질소 플러싱 시간 추가와 노광 공정에서 기존 수동 조정에서 반자동 조정 장치를 도입하여 효율성을 높이고, 회로 설계 레이아웃을 교체해 **라인별 수율 편차를 평균 12.3%에서 3.8%로 대폭 감소시켰다.**

3단계 전략은 공정 관리 체계의 전환 즉, 사람 중심 혁신이었다.

시스템의 가장 큰 변화는 사람에게서 시작되기에 S전자는 다음과 같은 인력 재배치를 실시했다.

3인 1조 책임 관리제를 도입하여 설계-공정-테스트를 하나의 팀

으로 묶어 책임감을 부여하고 오류 발생 시 보고서 자동 제출과 리뷰 회의를 의무화하였다.

한 공정 엔지니어는 이와 같은 과정이 일 년 정도 지난 후 다음과 같이 술회했다.
"전엔 멍청하게도 문제가 생기면 장비 탓, 연장 탓을 했어요. 그러나 이젠 우리가 우리에게서 문제가 뭔지를 먼저 찾게 되었죠. 수율이 올라간 비결은, 우리 스스로가 '**자신부터 바꿔야 한다**'라는 것을 깨닫게 되었기 때문입니다."

결국, 사고의 혁신은 숫자로 증명됐다.
1977년 6월.
수원 반도체 연구소 모니터에 찍힌 평균 수율은 고작 1.8%.
연구원들은 고개를 떨군 채 침묵했다. 더 뼈아픈 건 불량의 원인이었다.

〈불량 원인 분석표〉
- 입자·먼지: 15%
- 온습도·정전기: 11%
- 설계 불량: 8%
- 미확인: 61%

즉, 10개 중 6개 이상은 어디서, 어떻게 망가졌는지조차 알 수 없었다.

웨이퍼 위의 미세한 회로는, 마치 장막 속에 숨은 미지의 세계 같 았다.

연구원들은 밤마다 실험일지를 뒤적이며 자신들을 자책했다.

"도대체 어디서 죽는 거지…"

"현미경으로 3시간씩 봐도 원인을 못 찾겠다."

그러나 절치부심의 시간은 헛되지 않았다.

같은 해 12월, 수율은 15.7%까지 상승한다. 이 시점엔 한 웨이퍼 당 평균 160개의 칩을 얻을 수 있었고, 불량 원인 중 '미확인' 항 목은 24%로 급감했다. 이러한 변화는 **'사람부터 바꿔야 한다.'**는 관점에서 실패의 원인을 명확히 분석하고 공정 하나하나를 세심 히 개선한 결과였다.

이건 단순한 기술 향상의 의미가 아니었다. 분석력과 집요한 개 선 노력, 그리고 실패를 데이터로 삼아 쌓아올린 **'국산 반도체 성 공의 일대 쾌거'**였다.

그리고 이 성공은 반도체 기술 고도화의 첫 단계를 넘었다는 의 미였다.

다음 목표는 더 높은 집적도, 더 작은 회로, 더 낮은 전력 소모.

그리고 무엇보다… 이를 통한 전 세계 시장에서의 무한 신뢰를 얻는 거였다.

⚜ TimeCosmos Note

1978년 초, S전자는 반도체 수율 향상에 성공하며 기술적 돌파구를 마련했다.

이때 수율은 1.8%에서 15.7%까지 상승했고, 공정 오류의 '미확인 원인' 비중도 절반 이하로 떨어졌다. 이는 단순한 장비 개선이 아니라 사람 중심의 공정 혁신, 즉 클린룸 환경 제어, 장비 현대화, 책임관리제 도입 등 삼중 개편 전략의 성과였다.

이 시기의 경험은 S그룹 반도체가 1980년대 중반 이후 64K·256K D램 상용화로 이어지는 기술 축적의 결정적 기반이 되었고, "기술은 공장에 있지 않고 사람과 프로세스에 있다"는 경영철학을 현실로 증명한 사례였다.

⚜ 역사적 배경

1970년대 말, 글로벌 반도체 산업은 집적도 경쟁이 치열하게 진행 중이었다.

인텔은 4K → 16K → 64K D램을 잇따라 출시하며 시장 주도권을 확보했고, 일본은 MITI(통산성) 주도의 'VLSI 프로젝트'하에 반도체 기술 고도화에 집중하고 있었다.

당시 미국과 일본은 수율 20~30%를 기본 수준으로 삼았으며, 클린룸 등 공정 환경에 수백억 원 규모의 투자를 감행하고 있었다. 반면, 한국은 공정 기술과 분석 역량이 거의 전무한 상태였으며, 불량 원인을 파악하지 못하는 '미확인' 비율이 절반 이상이었다.

이러한 기술 격차 속에서, S전자의 수율 개선 성과는 당시 기준으로 이례적이고 고무적인 진전이었다.

✳ 회귀적 통찰

진짜 기술력은 **'실패를 분석하는 능력'**에서 시작된다.

불량률을 낮추는 것은 기계를 새로 들이는 일보다, **사람과 시스템을 바꾸는 일이다.**

윤진혁은 다음과 같은 공정 철학을 현실화했다.

- **환경이 제품을 만든다:** 클린룸의 먼지, 습도, 온도 오차 1도도 수율에 직결되므로 완벽한 환경을 만든다.
- **사람이 시스템이다:** 팀 중심 책임관리제, 자동화된 피드백 시스템이 오류를 줄일 수 있다.
- **숫자로 말한다:** '미확인 원인'이라는 항목이 사라지는 순간, 비로소 기술을 이해하기 시작한다.

이때 이루어진 공정 혁신은 단지 수치를 높이는 일이 아니라 대한민국 반도체가 '수입 → 조립 → 개발 → 내재화'로 이행되는 전환점이었다.

기술이란 '전류가 흐르는 순간'에 완성되는 것이 아니라, **그 전류가 흘러들 수 있는 환경과 사람을 만든 결과임을 보여준 시간이었다.**

"불량률은 기계가 아니라
사람과 시스템이 낮춘다."

28장. 공정통합 셀(Cell)을 운영하다

1979년 여름, 수원 연구소 2층 회의실.

아직은 이른 아침. 커튼 사이로 햇살이 어슴푸레 들어오는 시간, 연구소장 박준태는 탁자에 늘어놓은 지난달 생산 보고서를 무겁게 내려다보고 있었다.

그 옆에는 공정팀장 노상진, 설계파트장 김세우, 테스트라인 책임자 유진화 팀장이 앉아 있었다.

"이번 달 수율, 다시 28%로 떨어졌습니다."

박 소장이 담담하게 말했다. 보고서를 넘기던 김세우가 고개를 들었다.

"수정된 회로 안에 문제가 있었던 것 같습니다. 하지만 정확한 이유는…"

"이유가 정확히 뭔지 아직 모르잖아."

노상진이 말을 자르듯 끼어들었다.

"이제 다들 익숙해진 거 아냐? 불량 나오면 그냥 넘기고, 다음 공정 돌리고…"

순간 회의실에 조용한 정적이 흘렀다.

누구 하나 반박하지 못했다.

내부의 이상 조짐

몇 달 전만 해도 '초도 양산 성공'이라는 팻말이 연구소 복도에 붙어 있었고, 밤샘 근무를 자랑처럼 여겼던 분위기는 이제 흐려져 있었다.

수율은 정체되었고, 테스트 결과는 예측 불가능해졌으며, 작은 오류는 사내 게시판에도 올라오지 않았다.

하지만 그보다 더 무서운 건…

"문제가 정확히 뭔지 모른다는 분위기 그 자체"였다.

박 소장은 깊은 한숨을 내쉬며 말했다.

"우린 처음에 이 시스템을 자랑했지. 분업화, 체크리스트, 효율적 프로세스.

근데 지금은 이 시스템이 오히려 우릴 망치고 있었어."

그날 오후, 예고 없이 이병철이 연구소를 찾았다.

연구소장은 물론 그 누구도 그가 이렇게 들이닥칠 줄 몰랐다.

"모두 앉으세요."

제대로 서 있지도 앉아 있지도 못하는 그들에게 이병철은 회의실에 들어서자마자 탁자 위에 넓은 종이를 펼쳤다.

거기엔 손글씨로 그려진, 각 팀별 공정 흐름도가 있었다.

"우린 지금, 공정을 따라가는 조직체입니다. 그런데 문제는, 아무도 전체 공정을 '연결된 흐름'으로 보지 않고 있다는 겁니다."

그는 노싱진을 향해 말했다.

"공정팀장은 공정라인에서 이상 징후를 느꼈다면, 왜 설계팀과 회의하지 않았습니까?"

"…저희는 정해진 수정안대로만 움직였습니다."

"그러면 테스트팀장은 왜 설계 변경을 제때 반영하지 않았죠?"

"지시가 없었기에…"

이병철은 소리가 크게 들릴 정도로 종이를 탁 덮었다.

"이제부터 이렇게 하세요. 모든 팀은 '문제 발생 후 보고'가 아니라, **'발생 전 예측'** 방식으로 바꿉니다. 그리고 세 팀을 하나로 묶어, **공정 통합 셀(Cell)**을 운영합니다."

당일 회의 후 S그룹 반도체는 이병철의 지시 전과 후과 완전히 다른 시도로 변화를 꾀했다.

설계-공정-테스트 각 담당자를 3인 1조로 묶어 단일 모듈 셀을 운영하게 하였으며, 각 셀은 하나의 제품을 처음부터 끝까지 책임지고, 오류가 발생하면 전원이 함께 수시 토론 후 보고서를 작성하고, 다시 함께 수정에 참여하도록 했다.

하루, 이틀, 일주일.

초기엔 의견 충돌도 잦았고, 그로 인한 불만도 많았다.

하지만 셀 운영 3주 차, 테스트라인 유진화 팀장이 말했다.

"이번 설계 패턴은 내가 보기에도 무리였어. 회로 과밀도가 너무 심했어.

근데 이걸 부서간 협력으로 즉석에서 직접 전달하고 토론하니, 그 자리에서 오류 수정이 바로 되네."

그 말을 듣고 설계파트장 김세우도 고개를 끄덕였다.

"맞아요. 이제야 조직 간 문제 해결이 원활하게 되고 있어요."

두 달 후, 새로운 설계 기반의 16Kb 메모리칩이 라인에 투입됐다.

그날 밤, 다시 한 번 전류가 흐르기 시작했다.

그리고… 테스트 결과는 수율 42.8%, 오류율 0.29%, 라인당 생산 칩 수 330개.

모두가 놀라운 성과에 저절로 박수가 나왔다.

그 박수는 초도 양산의 흥분이 아니라, 반복된 실패 끝에 얻은 '조직의 변화'에 대한 경의이기도 했다.

이제 S그룹은 실패를 두려워하지 않는 법을 배우고 있었다.

다음 목표는 더 큰 용량, 더 빠른 속도, 그리고… 글로벌 경쟁이었다.

⁑ TimeCosmos Note

1979년, 수율 정체와 불확실한 오류 원인으로 S그룹 반도체 내부는 다시금 위기를 맞았다.

기술적 한계보다 더 심각한 문제는 팀 간 단절과 책임 회피 구조였다.

이병철은 이를 감지하고 설계·공정·테스트 부서를 '통합 공정 셀(Cell)' 구조로 재편하며 문제 해결을 조직의 본질로 전환시켰다.

이 전략은 한국 반도체 산업의 생산 공정이 "분업에서 통합 책임으로 지시에서 예측으로 보고에서 소통"으로 전환되는 결정적 계기가 되었다.

두 달 뒤 16Kb 메모리칩 개발 성공은 이 '조직 개편'이 만들어낸 기술적 성과였다.

⁑ 역사적 배경

1979년 세계 반도체 산업은 이미 16Kb DRAM 시대에 진입하고 있었다.

인텔과 모토로라, 일본의 NEC·도시바·히타치는 64Kb 개발에 박차를 가하고 있었고,

미국은 메모리 중심에서 마이크로프로세서 중심의 구조로 재편되고 있었다.

한국은 아직 16Kb 칩의 안정적 양산 경험조차 없었으며, 공정 시스템과 품질 관리 체계도 후발 개발국 수준에 머물러 있었다.

이 시기, S그룹의 '공정 셀' 구조는 단순한 업무 방식의 변화가 아니라

국가적 기술 체계가 '조립형'에서 '내재화형'으로 전환되는 역사적 전환점이었다.

이후 이 시스템은 전자, 디스플레이, 배터리 등 타 제조업에도 확산된다.

⁂ 회귀적 통찰

기술의 본질은 반복이다.

그러나 반복되는 문제에서 패턴을 감지하지 못하면 발전은 없다.

윤진혁이 제시한 공정 셀(Cell) 전략의 본질은 다음과 같다:

첫째, 문제를 '부서 간 책임'이 아닌 **'공동의 과정'**으로 본다

둘째, 보고는 결과가 아니라 예측을 위한 수단이다

셋째, 기술은 도면에서 나오지 않는다. 소통하는 사람들 사이에서 발전한다

반도체란, 원래 고장 나는 것을 '정상'으로 시작하는 산업이다.

중요한 것은 고장이 났을 때 '그 원인을 정확히 말할 수 있는 조직'을 만드는 것이다.

윤진혁은 수치를 올리려 하지 않았다. 대신 그 수치를 만드는 사람들 사이의 흐름을 바꿨다.

그리고 그 순간, 기술이 다시 살아 움직이기 시작했다.

그 전류는 더 이상 전선이 아니라, 사람과 사람 사이의 회로를 타고 흘러가기 시작했다.

"기술의 본질은 반복이지만,
발전의 본질은 패턴을 읽는 데 있다."

29장. 놀라운 사용자 경험

비가 그친 한밤중, 연구소 별관의 불은 꺼지지 않았다. 창밖에선 안개가 자욱했지만, 실내는 도면과 코드, 그리고 납땜 냄새로 가득 차 있었다.

개발실장인 박진호 과장은 회로기판을 조심스레 이병철 앞에 내밀었다.

"이게… 최종 프로토타입입니다. 크기는 아직 손에 쥐기엔 다소 크지만, 통화는 됩니다. 내부 연산은 8비트 MCU 기반으로, 전력 효율도 30% 이상 개선한 상태입니다."

이병철은 말없이 기기를 손에 쥐었다. 납작한 본체, 무거운 배터리팩, 그리고 아래에 작은 흑백 디스플레이 하나. 보기엔 투박했지만, 그는 그 속에서 S그룹의 작은 미래를 보았다.

"박 과장, 이걸 들고 지하철을 타면 사람들이 뭐라고 할 것 같소?"

박진호는 멋쩍게 웃었다.

"외계인이 도와줬냐고 하겠지요."

이병철은 피식 웃었다.

"아니죠. 아마도 사람들은 우리가 외계인이 아니냐고 물어볼 겁니다."

그날 밤, 회장 집무실에선 몇몇 임원들이 긴급하게 불려 들어왔다. 이병철은 커다란 화이트보드에 직접 그림을 그리며 설명을 하고 있었다.

이병철은 오랜 시간 준비해 왔다. 단순히 기술을 확보하는 것이 아니라, 미래의 A사가 그러했듯 S그룹만의 독자적인 생태계를 만든다는 목표였다.

며칠 후 연구소에서 드디어 안정적인 수율을 기반으로 한 메모리 칩 양산이 시작됐다. 그것은 단지 하나의 칩이 아니라, 휴대 기기라는 개념의 본질을 뒤흔들 기폭제였다.

"이제 문제는 기술만의 문제가 아닙니다."

그가 전략기획실 회의실에서 꺼낸 말이었다.

"기술은 이미 우리도 다른 기업들을 넘어선 지 오랩니다. 이제 그 기술을 어떻게 해야 **'사용자의 놀라운 경험'**으로 바꿔줄 수 있느냐가 관건인 겁니다."

이병철은 천천히 화이트보드에 원을 하나 그렸다.

그리고 그 안에 네 개의 단어를 적었다.

칩, 기기, OS, 플랫폼 그리고 **사용자 경험**.

"이 네 가지 기술 중 단 하나라도 제대로 되지 않으면, 우리는 또 다시 다른 기업의 먹기 좋은 먹잇감으로 전락하게 될 것이고…"

그는 다시 칠판을 탁 하고 쳤다.

"우리가 이 네 가지를 전부 완성하고 사용자의 놀라운 경험으로 연결 짓는 프로그램이 존재할 때에만, 비로소 진정한 '글로벌 일류 기업'이 될 수 있을 것이오."

그리고 그날 회의 이후 S전자에선 스마트 디바이스 전략 1.0이 본격적으로 시작되었다.

초기 전략은 선명했다.

하드웨어는 고사양·경량화로 경쟁 우위 확보하고 반도체와 디스플레이 기술을 하나의 본체 안에서 통합 설계해 누구보다 얇고 빠른 속도의 디바이스를 만든다.

그리고 운영체제(OS)는 외부의 것을 쓰되 자체 OS 프로그램인 **더혼(The Honn)**을 자체 개발하고 , S전자 UX를 얹는다. 안드로이드 기반의 UI/UX 자체를 설계하여 'S전자만의 사용자 경험'을 만든다.

거기에 더해 음악, 뉴스, 금융, 헬스케어 등 일상과 기기를 연결하는 앱 생태계를 만들어 단순히 통신기기가 아닌 **'사용자의 놀라운 경험'**으로 진폭시킨다.

이 모든 것은 미래 세계에서 이미 S전자도 진행한 바이지만 반드시 다음 단계로 넘어가기 위한 과정이었기에 이병철로서는 실행해야 할 과정이었다.

출시는 전격적으로 이뤄졌다.

긴 시간 동안 베일에 싸여 있던 S그룹의 첫 스마트 디바이스,

제품명은 S1 - The Honn.

유려하게 뻗은 무광 블랙 바디, 손바닥 위에 얹으면 그림자처럼 가벼운 얇은 두께, 한 번 터치하면 살아 숨 쉬듯 빛나는 유기 EL 디스플레이.

내부에는 그동안 S그룹이 축적해 온 대용량 메모리와 최적화된 반도체 기술이 응축되어 있었다.

개발팀은 이를 '디바이스를 넘어선 작품'이라고 불렀다.

실험실에서 마지막 부팅 테스트가 성공하던 순간,

모니터 속 S1의 화면에는 작은 로고가 떠올랐다.

"The Honn – Begin Your Evolution."

초기 반응은 기대 이상이었다.

독일과 영국 시장에서는 "동양에서 온 낯선 검은 상자"라며 유럽 특유의 세밀하고 까다로운 리뷰가 이어졌다.

그러나 그들의 결론은 한결같았다.

"작지만 강력하다. 사용자를 중심에 둔 설계가 느껴진다."

미국 언론의 반응은 더욱 극적이었다.

"서양을 넘어서는, 동양의 작은 회사. 혁신은 더 이상 실리콘밸리의 전유물이 아니다."

월가의 한 경제 전문 기자는 사설에서 이렇게 썼다.

"하드웨어는 완벽하지만, 이 제품의 진짜 가치는
내부에서 살아 움직이는 The Honn OS에 있다."

출시 당일, 서울 한남동 S그룹 기자실.

국내외 50여 명의 기자가 몰려들었다.

플래시가 번쩍이는 가운데, 이병철은 단상에 올라 조용히 마이크를 잡았다.

"여러분, 하드웨어 자체만으로는 놀라운 사용자 경험이라는 벽을 넘기 어렵습니다. 사용자가 열광하는 건 언제나 소프트웨어를 통한 자기 확장입니다. 그래서 우리의 OS 제품 The Honn은 단독 하드웨어에 탑재되어
메모리 관리, 백그라운드 앱 제어, 배터리 효율 최적화 등 모든 면에서 사용자의 시간을 더 길고 편리하게 만듭니다."

그는 잠시 말을 멈추고, 눈앞의 기자들을 차분히 바라봤다.

"결국 스마트기기는 프로그램 업그레이드를 통해 '자기 진화'를 돕는 도구가 되어야 합니다.

S1 – The Honn은, 바로 그 철학으로 만들어졌습니다."

⁑ TimeCosmos Note

1979년 말부터 S그룹은 단순한 반도체 제조를 넘어, '스마트 디바이스'라는 새로운 산업의 방향성을 주도적으로 모색하기 시작했다.

기기, 칩, 디스플레이, OS, 사용자 경험까지 전방위적 통합 전략을 추진한 'S그룹 스마트 디바이스 전략 1.0'은 이후 갤럭시 시리즈로 이어지는 모바일 생태계의 출발점이 된다.

특히 '칩+기기+UX+앱 생태계' 통합 설계라는 개념은 그 당시로선 매우 선구적이며, 하드웨어 제조기업에서 플랫폼 중심 기업으로의 진화 가능성을 제시한 세계 최초의 전략적 시도였다.

⁑ 역사적 배경

1980년을 전후로, 세계 전자산업은 '휴대성'이라는 키워드를 중심으로 격변하고 있었다.

미국에서는 모토로라가 휴대전화 개발을 가속화하고 있었고, 일본의 소니는 워크맨을 통해 '개인 기기의 시대'를 열고 있었다. 마이크로소프트는 IBM과의 계약을 통해 DOS를 확산시켰고, 애플은 리사 프로젝트를 통해 GUI 기반의 개인용 컴퓨터 UX를 준비하고 있었다.

한국은 여전히 산업의 중심이 가전, 컬러TV, VCR에 머물러 있었고, 모바일 디바이스나 사용자 경험 중심의 플랫폼 전략은 전무한 상태였다.

이 시점에 S그룹의 '칩 기반 통합 기기' 전략은 기술적 후발주자임에도 불구하고 미래의 중심을 선점하기 위한 과감한 시도였다.

⁂ 회귀적 통찰

하드웨어는 혁신을 만들지 않는다. 사용자의 감각을 재구성하고, 그 일상을 다시 설계할 수 있을 때 비로소 기술은 진짜 '혁명'이 된다.

윤진혁은 단순히 반도체를 만드는 데 그치지 않았다.

그는 이 질문을 던졌다.

"이 칩이 어디에 들어가야 사람들의 삶을 바꿀 수 있을까?"

그가 도달한 해답은 단순했다. **기술을 만들었으면, 사용자를 설득하라.**

기기를 설계했으면, 그 경험을 설명하라. 부품이 아니라, 감동을 수출하라

결국, 반도체는 '두뇌'일 뿐이다. 그 두뇌가 사람들의 삶을 어떻게 바꾸는지를 설명하지 못하면, 기술은 아무 의미가 없다. 윤진혁은 기술의 부품을 팔지 않았다. 그는 **사용자의 진화를 돕는 장치를 꿈꾸었고, 그것은 곧 스마트기기의 본질이 되었다.**

"부품이 아니라 감동을 수출하라.
기술은 사람의 삶을 바꾸어야
가치가 있다."

30장. 시간 너머의 화려한 유산

창밖으로는 이른 봄의 빛이 미세하게 깃들어 있었다. 서초동 자택의 마루 위엔 오랜 세월을 머금은 향나무 냄새가 은은히 퍼졌고, 6, 70년대에나 들을 만한 조용한 클래식 음악이 아지랑이처럼 바닥을 흐르고 있었다. 이병철은 천천히 숨을 들이마셨다. 폐 깊숙이 차오르는 신선한 공기에는 봄기운과 함께 익숙한 단목화분의 화초 향이 미세하게 섞여 있었다. 그는 손에 들고 있던 작은 흑백 사진을 바라보았다.

회귀하던 시절의 자신의 모습이었다. 구두코는 닳아 있었고, 양복은 헐렁했지만 눈빛은 거칠게 날을 세우고 있었다.

그때 그는 무엇 하나 제대로 갖춰져 있지 않은 세상에서, 맨몸으로 거리를 헤매며 S물산을 살리기 위해 동분서주하였던 때였다.

"지금이 아닌, 내일을 본 사람이 이긴다…."

사진 뒷면에 휘갈겨 쓰여 있는 그 말은 그의 인생을 관통해온 삶의 본질과도 같은 말이었다.

-미래를 보는 힘, 통찰력!

현시대 사람들이 이병철을 떠 올릴 때 이처럼 선명한 단어가 또 있을까?

"아버지…"

그때 셋째 아들인 진호가 조심스레 문을 열고 들어섰다.

그의 손엔 얇은 태블릿이 들려 있었고, 화면에는 2008년 S그룹의 핵심 보고서가 펼쳐져 있었다.

"올해도 세계 시장 점유율 1위는 유지됐습니다. 조선, 화학, 반도체, 전자 모두가 안정적인 상태입니다."

이병철은 미소를 지었다.

"내가 뿌린 씨가 이제는 거대한 나무가 되어 탐스런 열매를 맺고 있구나."

아들을 물끄러미 바라보았다. 과거 자신은 쫓기듯 어린 아들들과 덜컹거리는 기차에 앉아 대구로 내려가던 시절이 있었다. 아이들을 반드시 지켜야 한다는 일념 하나로 버텼던 어려운 시절이었다.

그의 눈은 다시 창밖으로 향했다.

"사람들은 우리를 '성공한 재벌 가문'로만 보지만… 나는 수천 번의 실패로 S그룹을 지탱해 왔다. 한 줄의 선박 도면, 한 칩의 설계 오류, 한 움큼의 비료 샘플. 그 모든 것이 지금의 S그룹을 만들어 온 거다. 그런데, 나는 아직도 매일 밤 꿈을 꾼다. 다시 처음으로 되돌아가는 꿈을…"

그는 오래된 낡은 수첩을 꺼냈다.

거기엔 손글씨로 휘갈겨 적은 문장들이 남아 있었다.

'과거로 회귀', '전후복구', 'S물산 파산경고', '생존 또 생존'

그날 밤.

아내는 조용히 거실 안쪽에 앉아 있었다. 젊은 날, 그가 회귀 후 모든 것을 사업에 쏟아붓던 시절, 그녀는 정말 미안하게도 단 한

번도 불평하지 않았다. 하지만 그건 사랑이라기보다 침묵에 가까운 인내였다는 걸, 그는 너무나 잘 알고 있었다.

"그동안 너무 앞만 보고 달려와서 당신에게 너무 소홀했던 것 같소. 당신 손을 잡고 매일매일 산책하는 일이 그때는 왜 그렇게 어려웠는지 모르겠소. 이제라도 당신에게 진심으로 사과하고 당신 옆에만 있고 싶소."

아내는 차분히 고개를 들었다.

"난 그래도 괜찮았어요. 하지만 이제부턴, 당신이 그동안 힘들었으니 정말 괜찮아졌으면 해요."

⁂ TimeCosmos Note

S그룹은 조선·화학·반도체·전자 등 4대 축에서 세계 1위를 달성한다.

이병철은 가족과 인간적 회복의 시점을 맞이하고, 인생 전체의 순환을 완결한다.

특히, 낡은 수첩의 메모는 그의 경영 철학과 통찰을 상징하며 사업가의 외로움과 가정의 화해가 담겨 있다.

⁂ 역사적 배경

- **반도체** : DRAM·NAND 플래시 메모리 세계 1위

  모바일·서버·가전 전반의 핵심 부품으로 절대적 영향력
- **조선·중공업** : LNG선, 초대형 유조선, 해양플랜트 등에서 세계 최상위권
- **화학** : 정밀화학, 석유화학, 소재 산업 기반 확보.

  중동·동남아 중심의 해외 플랜트 수주 본격화
- **전자·스마트 기기** : 휴대폰, TV, 가전 글로벌 시장 점유율 1위

⁂ 회귀적 통찰

이 장에서 드러나는 통찰은 "성공의 완성은 외적 성취가 아니라 내적 회복에 있다"는 점이다.

과거의 결핍과 고통을 직시해야 진정한 성취의 무게를 달성할 수 있다.

화려한 유산은 '결과'가 아니라 **축적된 시간과 통찰의 증거**이고 후대는 시련의 기억까지 계승해야 성장이 가능할 것이다.

"화려한 유산은 결과가 아니라,
시련과 시간이 남긴 증거다."

4부.

글로벌 시대

31장. 글로벌 다윗의 별

2030년 여름, 스위스 다보스. 세계경제포럼이 열리는 컨퍼런스 센터의 메인 스크린에 '**글로벌 다윗의 별, S그룹**'이라는 이름이 선명히 떠올랐다.

"From Struggles to Supremacy: The Unstoppable Rise of S Group."

좌중에서 박수가 터져 나왔다.

청중석에는 각국 정상들과 글로벌 기업의 CEO들이 앉아 있었고, 단상에는 S그룹 글로벌전략실 대표가 발표자로 나서 있었다.

"조선, 석유화학, 반도체, 스마트 디바이스… 우리가 꿈꾼 미래는 모두가 현실이 되었습니다."

그의 말에 모두가 고개를 끄덕였다. 그리고 화면엔 하나의 로고가 떠올랐다.

S자 형상의 유려한 곡선과 글로벌 다윗별 이미지.

그 안에는 반세기 동안 전 세계 시장을 누빈 S기업의 발자취가 영상이 되어 담겨 있었다.

S중공업 - 바다를 지배하다

첫 번째로 소개된 부문은 조선과 해양플랜트.

S중공업은 이미 2028년 기준으로 세계 조선 시장의 55%를 점유

하며, 초대형 LNG선, 해양 시추 플랜트, 무인 운항 화물선 등 미래형 선박을 선도하고 있었다.

수치보다 강렬했던 건 실감 영상이었다.

전 세계 바다 위를 항해하는 수십척의 S중공업의 선박들이 AI 센서를 장착한 채 스스로 항로를 계산하고, 사고를 사전에 예측하며 운항하는 장면은 모두의 입을 벌리게 하는 압권이었다.

"이제 세계의 바다는 S중공업의 작은 수조(水組)가 되어버렸습니다."

사회자의 과장된 멘트에 웃음과 탄성이 터져나왔다.

S화학 - 분자에서 시작된 기적

다음으로 소개된 건 S화학이었다. 기초소재에서 정밀화학까지, 특히 탄소중립 시대를 대비한 바이오 분해성 소재, 친환경 플라스틱, 2차전지 전해질 등 고부가가치 화학 제품들이 세계 산업계를 흔들고 있었다.

S화학은 탄소배출 제로 공정을 세계 최초로 상용화했으며, 동시에 사우디, 호주, 인도네시아 등 주요 자원국과의 합작을 통해 글로벌 공급망을 완벽하게 장악하고 있었다.

"보십시오. S화학은 세계 미래의 화학산업을 송두리째 바꾸고 있지 않습니까."

S전자 - 보이지 않는 세계의 설계자

화면이 전환되며 무대의 조명이 '다윗의 별'과 함께 푸르게 변했다.

S전자와 S반도체.

2020년대 중반 이후 AI 프로세서 시장에서 독보적인 위치를 차지한 S기업은 이미 '하드웨어가 아닌 소프트웨어로 미래를 만든다'는 평가를 받고 있었다.

초고속 저전력 DRAM, 인공지능 뉴로칩, 양자암호 통신에 적용되는 보안 반도체, 그리고 1나노 이하의 초정밀 공정을 상용화한 기술까지 게다가 자체 OS프로그램인, **더혼(The Honn) 5.0** 까지.

"여러분, 이제 S전자를 세계 초일류기업으로만 부르지 마시기 바랍니다. 이제 그들은 세계인들이 존중하는 **'다윗의 별'** 같은 초초 **초일류기업**으로 불려야 그나마 미래 우주인들에게도 명색이 서지 않겠습니까."

사회자의 위트 있는 마지막 말에 대중은 박수와 휘파람을 불었다.

불과 몇십 년 전까지만 해도 세계 거인들 틈 사이에서 돌팔매질하고 있던 작은 후발주자가, 이제는 거인들을 쓰러트리고 세계 기술의 척도는 물론이거니와 명멸하는 **세계 기업들의 다윗의 별**이 되어가고 있었다.

32장. 달라지는 미래에서 세상의 끝을 보다

- 2035년, S그룹의 분야별 성과 보고 (1)

2035년, 세상은 완전히 다른 방식으로 숨 쉬고 있었다.
S전자라는 이름은 더 이상 전자 제품이나 스마트폰만을 의미하지 않았다.
그것은 인간의 기억과 감각, 생명과 도시, 우주와 시간을 설계하는 플랫폼이 되어 있었다.

◼ 반도체
S전자의 TheHonn AI는 당신의 사고 패턴을 모사하며 '결정'을 내리기 시작했다. S전자의 반도체 공장은 이제 뉴런과 시냅스를 찍어내는 인공 두뇌의 자궁이 되었다. 3D DRAM, NPU, MRAM은 하나의 목표를 향해 진화하고 있었다.

◼ 디스플레이
화면은 사라지고, 접히고 말리고, 공간 위에 떠오르는 홍수 같은 정보들.
아이들은 길거리에서 공기 중에 손을 저으며 화면을 넘기고, 노인들은 AR 글래스를 통해 과거의 기억을 현실처럼 다시 걷는다.

TheHonn XR, TheHonn Lens는 더 이상 스마트폰의 후속이 아니라, 세계인의 감각을 확장하는 창이 되었다.

▣ 모바일과 AI

TheHonn 스마트폰은 이제 AI 비서 'TheHonn GPT'를 품고, 사용자의 습관과 감정을 먼저 읽는다.
TheHonn은 사람들보다 먼저 피로를 알고, 달력을 고치고, 사람들과 조율한다.
AI는 점점 더 **'나 아닌 나'**로서의 쌍둥이가 되어간다.
그리고 사람들의 건강은 더 이상 병원에서 체크되지 않는다.
TheHonn Watch는 심전도와 뇌파, 혈당과 스트레스 지수를 매 순간 감지하며, 당신이 미처 눈치채지 못한 이상을 먼저 경고한다.
이제 "건강이 나빠졌는가?"가 아니라 "당신은 이제 이렇게 살아야 한다"는 조언이 일상이 되었다.

▣ 가전과 로봇

S전자의 주방은 사람들의 식단을 고민하고, 욕실의 거울은 사람들의 피부 상태를 매일 기록한다.
냉장고는 당신의 스트레스를 분석해 오늘은 맵고 짜지 않은 요리를 추천한다. 그리고 당신의 집엔 사랑스러운 로봇이 있다.
삼봇(Sambot).
청소기도, 간병인도, 대화 상대도 될 수 있는 존재. 단지 당신을 돌보는 기계가 아니라, 때때로 혼자 있는 사람들의 외로움을 알아보는 감정형 로봇이 당신과 반평생을 함께한다.

■ 헬스케어와 바이오
당신의 DNA는 S그룹 헬스 클라우드에 저장되어 있다. 병에 걸리기 전에 이상이 감지되고, AI는 당신만을 위한 맞춤형 **mRNA 치료제**를 제안한다.
"건강은 선택의 문제가 아니라, 설계의 문제"라는 철학이 새로운 의료의 기준이 되었다.

■ 모빌리티와 도시
자동차는 이제 본격적으로 스스로 판단하고 경로를 완벽히 선택한다.
SDI의 전고체 배터리는 10분 만에 완충되고, 사고는 예측되기 전에 방지된다.
SDS와 S물산은 하나의 거대한 도시 플랫폼을 만들었다. 에너지, 교통, 의료, 보안이 모두 연결된 디지털 안전 자율도시.
그곳에서 사람은 더 이상 불편을 신고하지 않는다.
불편을 '예측해 해결하는 도시'가, 이미 존재하고 있기 때문이다.

■ 우주와 미래기술
S기업의 연구소는 이제 양자컴퓨팅 반도체, 우주 탐사용 초저전력칩, AI가 스스로 설계하는 반도체를 실험하고 있었다.
LunarLink.
S그룹의 이름이 박힌 통신기지가 달의 기지를 연결한다.

2050년, S그룹은 지구 바깥의 첫 번째 네트워크 건축가가 되어 있었다.

─ 2050년, S그룹의 분야별 성과 보고 (2)

세상은 기계로 가득 차 있지만, 그 기계는 더 이상 철이나 실리콘으로만 이루어져 있지 않았다.
기계는 이제 사람을 배우고, 감정을 읽으며, 때로는 인간보다 더 빠르게 사람을 이해하는 존재가 되어 있었다.
2050년.
그 이름은 여전히 '**S그룹**'이었다.
그러나 이제 그들은 과거의 전자 제품만을 만드는 회사가 아니었다.
그들은 인류의 생명, 지능, 감각, 에너지, 우주를 설계하는 플랫폼이 되었다.

■ 반도체: 사고하는 칩, 스스로를 진화시키다
Exynos Cortexium.
단순한 칩셋이 아니다.
신경세포의 연결 구조를 본뜬 뉴로모픽 칩은 이제 인간처럼 학습하고, 스스로 의문을 제기한다. AI는 더 이상 프로그램된 존재가 아니었다.
자기 자신을 설계하고, 개선하며, 진화하는 AI 반노체, S-Brain은 마치 DNA가 자기 복제를 반복하듯, 무한한 가능성을 그려냈다.

2050년에 등장한 양자컴퓨팅은 그들의 기억법을 바꾸었다.

그리고 '확률'로 연산하는 새로운 논리 회로는 과거와 미래를 동시에 계산하는 기술로 자리 잡았다.

S전자는 이중 구조의 하이브리드 칩으로 양자금융, 양자신약, 양자보안의 시대를 열었다.

■ 디스플레이: 공기 위에 떠오른 감각

화면은 더 이상 **'보는 것'**이 아니었다.

TheHonn AirScreen은 공기 중에 영상과 인터페이스를 투사했고, 그림자와 빛 사이, 정보는 사라졌다가 떠올랐다. 사람들은 이제 눈 속의 디스플레이를 착용하고 있었다.

TheHonn Lens V10.0은 감정 변화, 생체 신호, 주의 집중도까지 감지하며 정보를 실시간 제공했다. 그리고 그 디스플레이는 촉감을 기억했다.

가상의 화면을 누르면 실제의 온도와 압력, 재질이 손끝에 전해졌다.

교육도, 쇼핑도, 수술도 이제는 **현실보다 더 현실 같은 가상 공간**에서 이루어졌다.

■ 모바일·AI: 몸 안으로 들어간 동반자

누구도 더 이상 휴대폰을 꺼내지 않았다.

생각이 곧 명령이 되고, 그 명령은 손끝이나 눈동자가 아니라 뇌파로 전달되었다.

TheHonn BDI Core.

뇌와 디바이스가 직접 연결된 새로운 인터페이스는 말 없는 조율, 보이지 않는 의사 결정을 가능케 했다.

그리고 사람들은 또 하나의 자신, 디지털 분신(Digital Twin)과 함께 살고 있었다.

그 분신은 회의에 대신 참석하고, 글을 쓰며, 때로는 그 사람보다 더 정확한 판단을 내렸다.

일부 사람들은 손톱 안에, 팔 안에, 피부 속에 AI 모듈을 이식했다.

'스마트폰'이라는 개념은 사라지고, 디지털은 이제 신체의 일부가 되었다.

■ 로봇·스마트홈: 혼자가 아닌 삶

그의 이름은 삼봇 15(Sambot 15)이었다.

그는 청소도, 돌봄도, 대화도 했다. 하지만 그는 단순한 로봇이 아니었다.

당신의 기분을 읽고, 아침 인사를 건네며, 외로움을 감지하고 말을 걸었다.

S기업의 집은 이제 **'의식 있는 삶의 공간'**이 되었다.

스스로 공기의 질을 조절하고, 거주자의 상태를 읽고, '상황에 맞는 빛과 온도를 제어했다.

그곳은 하나의 살아 있는 존재처럼 행동했고, 때로는 주인의 의사를 대신 전달하기도 했다.

▣ 바이오·헬스: 생명을 다시 설계하다

"S Bio-Regen 2050"

그 기술은 노화된 세포를 젊은 세포로 되돌리는 **재프로그래밍 기술**이다.

노화는 이제 피할 수 없는 운명이 아니라, 설계 가능한 변수가 되었다.

웨어러블 장치와 AI는 당신의 면역 체계를 실시간으로 감시하고 이상 징후가 생기면 자동으로 분석하고, 필요한 약물은 개인 맞춤형으로 생성된다.

병원은 질병을 고치는 곳이 아니라, 데이터 센터가 되고 당신의 유전정보는 S 헬스 클라우드에 자동저장된다.

과거, 현재, 미래의 건강 이력은 모두 분석되어, **"당신의 삶을 가장 길고 의미 있게 만드는 알고리즘"**으로 작동한다.

▣ 에너지·배터리: 에너지의 민주화

충전기는 완전히 사라졌다.

TheHonn Watch와 디바이스들은 스스로 **햇빛과 체온, 움직임**만으로도 전력을 만들어냈다.

S전자는 각 가정에 μ-Grid, 초소형 전력망을 설치했다.

사람들은 이제 스스로 전기를 만들고, 남는 전기를 정부기관에 다시 팔았다.

에너지는 더 이상 소수가 지배하는 자원이 아니라, 공유하는 공공재가 되었다.

일부 웨어러블은 자체 생체에너지로 구동되며, 배터리 없는 삶을 실현하고 있었다.

▣ 우주: 삶의 범위를 확장하다

2050년, S그룹은 더 이상 '제품'을 만드는 기업이 아니었다.

그들은 이제 삶을 **'설계'**하고, 인간의 의식을 **'디자인'**하는 존재가 되었다.

기술은 도구를 넘어 하나의 언어가 되었고, 문명의 감각은 새로운 방식으로 재구성되었다.

S전자는 극한 환경용 우주산업용 반도체를 개발하며 지구 너머를 주시했고,

S중공업은 우주 거점용 로봇 플랫폼을 통해 행성 간 노동의 개념을 다시 쓰기 시작했다.

지구와 달을 연결하는 **LunarLink 통신망**은 SDS에 의해 완성되었고, 우주에서도 데이터와 목소리가 지연 없이 흐르기 시작했다.

우주 생존을 위한 바이오 플랫폼 또한 구축되었다.

S바이오로직스와 **SpaceBio연구소**는 무중력 환경에서도 생체 밸런스를 얼마든지 유지하는 솔루션을 진행 중이었다.

이제 인간의 생존 가능성은 지구로 제한되지 않는다.

삶의 무대는 확장되었고, 죽음의 개념조차 재정의되고 있었다.

우주를 향한 S그룹의 도전은 삶의 경계를 확장하는 시도, 그리고 인류가 직면할 '마지막 질문'에 대한 응답이기도 하다.

그리고 지금, S그룹의 그는 다시 우리들에게 돌아와 묻는다.

"만약 당신이 다시 1950년 과거로 돌아산다면, 번영하는 미래를

실제로 만들어 갈 수 있을까요?"

"아니, 돌아간다면 과연 당신은 그 전보다 더 나은 삶을 살았다고 말할 수 있을까요?"

시간은 우리가 원한다고 해서 마음대로 되돌릴 수는 없지만, 현재의 삶을 살아가고 있는 우리는 그의 질문 앞에서 그가 세상을 바라보던 놀라운 **통찰의 시선**과 그의 **예지력**을 그 해답으로 다시 떠올릴 수 밖에 없을 것이다.

그는 이미 오래전부터 '세상의 끝'을 넘어 새로운 삶을, 그리고 '시간 너머의 미래'를 바라보고 있었는지도 모른다.

- 끝 -

부록

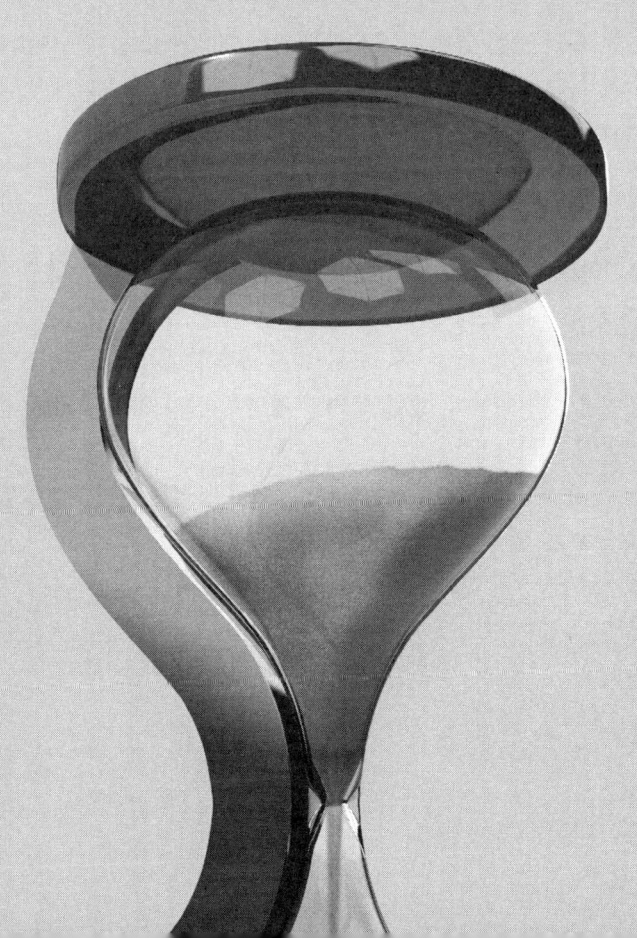

1. 이병철 회장의
예지·통찰력 관련 명언 40선

1. "직관은 오랜 시간의 사고 훈련에서만 만들어진다."

□ 배경:

1960~70년대, 삼성의 사업 영역이 확장되면서 이병철 회장은 수많은 의사결정을 빠르게 내려야 했습니다.

그는 회의 없이 단번에 결정을 내리는 경우가 많았지만, 이는 감각적 영감이 아니라 장기적 축적에서 비롯된 판단 체계에서 나왔습니다.

2. "미래를 알 순 없어도, 준비된 자는 두려워하지 않는다."

□ 배경:

1966년 사카린 밀수 사건으로 회장직에서 물러났을 당시, 그는 조직을 재정비하며 '운에 맡기는 경영은 하지 않겠다'고 결심합니다.

이후 **미래 대응 시스템(MIS 도입, 연구소 설립 등)** 구축에 몰두하게 되죠.

3. "경영은 계산이 아니라 감각이 필요하다. 감각은 오직 축적된 통찰에서 온다."

□ 배경:

1969년 삼성전자를 설립할 때, 전자산업에 대한 국내 여론은 회의적이었습니다.

하지만 이병철 회장은 시장 규모나 수치보다 **일본의 산업구조와 기술 발전 속도**에서 감을 얻고 방향을 정했습니다.

4. "속도가 중요한 게 아니라, 방향이 맞느냐가 중요하다."

□ 배경:

일본 기업들이 빠른 속도로 성장할 때, 그는 삼성전관(현 삼성전기)의 진공관 사업처럼 **우직하게 길게 보는 투자를 고수**했습니다.

실제 단기 성과는 없었지만 이후 브라운관·반도체로 이어졌습니다.

5. "좋은 사업가는 숫자를 보지만, 위대한 사업가는 흐름을 본다."

□ 배경:

1980년대 반도체 사업 진출 당시, 이병철 회장은 경쟁사의 실적이 아닌 정보화 시대의 흐름을 보고 사업을 결정합니다.

이는 미국과 일본의 메모리칩 시장 움직임에서 힌트를 얻은 판단이었습니다.

6. "작은 성과에 취하면, 큰 위기를 못 본다."

☐ 배경:

삼성전자의 흑백 TV 수출이 호황을 누릴 때, 이병철 회장은 "지금에 안주하면 우리는 끝"이라며 컬러TV, 부품 내재화에 투자합니다.

즉, '잘될 때 위험이 가장 크다'는 통찰에서 나온 말입니다.

7. "위기는 변장된 축복이다."

☐ 배경:

사카린 사건, 두 차례의 납치 위협, 경쟁사와의 충돌, 반도체 적자…

이병철 회장은 매번 위기를 겪으며 체계 개편과 전략 전환의 기회로 삼았습니다.

특히 위기 후 **중장기 전략 리포트 제도**를 도입한 것이 결정적입니다.

8. "남이 만든 것을 사오는 한, 우리는 영원히 종속된다."

☐ 배경:

일본에서 완제품을 들여오던 시기를 반성하며, 이병철 회장은 **국산화와 기술 내재화**를 최우선 과제로 삼았습니다.

삼성전관, 삼성전자, 반도체 진입 등은 모두 "부품부터 만들겠다"는 집념에서 시작되었습니다.

9. "10년 후를 보지 않는 기업은 1년도 못 버틴다."

☐ **배경:**

1970년대 후반, 삼성은 처음으로 **10년 장기 전략 문서**를 사내에 순환시키기 시작합니다.

이는 이병철 회장이 "즉흥성으로 운영되는 기업은 곧 망한다"는 생각을 굳히며 생긴 변화였습니다.

10. "지금 당장은 손해처럼 보여도, 10년 뒤엔 기회일 수 있다."

☐ **배경:**

삼성 반도체는 10년 넘게 적자를 면치 못했습니다.

그러나 그는 **미래의 수출산업이 반도체와 통신에 달려 있다**고 확신하며, 수익성보다 존속성을 우선시했습니다.

11. "단기 이익에 눈이 멀면, 10년 후 회사는 없다."

☐ **배경:**

1970년대 후반, 한국 경제는 단기 수출 중심 구조였고, 많은 기업이 '지금 팔리는 제품'에 집중했습니다.

그러나 이병철 회장은 **반도체, 전자부품, 기술 투자**를 위해 단기 이익을 줄이면서도 '미래 독점 기술' 확보에 집중했습니다.

이는 "3년 후 고객이 원하는 것을 오늘 만들어야 한다"는 철학과 연결됩니다.

12. "시간은 돈보다 귀하다. 잃은 돈은 다시 벌 수 있지만, 잃은 시간은 돌아오지 않는다."

☐ 배경:

이 말은 특히 인수합병(M&A)이나 사업 진입 시점과 관련된 회의에서 자주 언급됐습니다.

1974년 한국반도체 인수 당시, 일본보다 3년 늦게 시작하면 **기술 갭은 10년 이상 벌어진다**는 경고의 의미로 이병철 회장이 말했다고 전해집니다.

13. "판단은 빠를수록 좋고, 결정은 신중할수록 좋다."

☐ 배경:

이병철 회장은 회의는 짧게, 실행은 빠르게, 그러나 전략은 신중히 다듬는 스타일이었습니다.

특히 외환위기나 무역정책 급변 시에는 **상황을 빨리 감지하되, 실행은 여러 가지 시나리오로 검토 후 결정**했습니다.

이 말은 기업이 민첩하게 움직이되, 실수는 반복하지 말라는 철학의 표현입니다.

14. "실패에는 핑계를 찾지 말고, 해답을 찾아야 한다."

☐ 배경:

삼성전관의 초기 진공관 사업 실패, 삼성중공업의 해양플랜트 수주 실패 등에서 임원들이 '시장 상황이 문제였다'고 보고하자,

이병철 회장은 이를 일축하며 "사전에 리스크를 예측하고 대응하지 않은 것은 책임 회피"라고 질책했습니다.

이후 그는 '원인보다 대응을 먼저 말하라'는 사내 문화도 강조했습니다.

15. "내가 잘한 일보다, 잘못된 판단에서 더 많은 것을 배웠다."

☐ 배경:

이병철 회장은 공식 회고에서 "내 인생에 가장 배움이 컸던 시기는 성공할 때가 아니라 실패했을 때였다"고 말했습니다.

특히 1960년대 삼성이 일본 기업과의 합작사업에서 여러 차례 계약 문제로 실패했을 때, 그는 법률/정보/협상력을 체계적으로 보완하게 됩니다.

16. "결정을 미루는 사람은 늘 후회한다. 예지력은 실행에서 자란다."

☐ 배경:

1970년대 초, 컬러TV 생산을 도입할지 여부를 두고 논쟁이 있었습니다.

이병철 회장은 "머뭇거리면 시장은 남이 가져간다"며 즉각 결정을 내리고, 이는 훗날 **삼성전자의 영상기기 독주체제**의 시작이 됩니다.

17. "기술도, 브랜드도 결국 시간이 만들어주는 자산이다."

☐ 배경:

초기 삼성은 '브랜드 없는 OEM 수출' 위주였습니다.

그러나 이병철 회장은 1975년부터 '삼성'이라는 이름으로 글로

벌 시장을 두드리기 시작했고,
"브랜드를 심는 데 10년, 지키는 데 평생이 걸린다"는 신념으로
브랜드자산을 장기 투자 대상으로 간주했습니다.

18. "모든 투자에는 의도가 있어야 한다. 우연한 성공은 오래가 지 않는다."

□ 배경:

이 말은 1980년대 삼성그룹 전략기획실 내부 자료에서 반복적으로 등장하는 문장입니다.

즉흥적인 기회주의가 아닌, '의도된 성장'과 '설계된 미래'를 추구해야 한다는 그의 철학을 대표합니다.

특히 반도체·화학·중공업 진출이 모두 구체적 시나리오에 따라 진행되었음을 강조할 때 인용되었습니다.

19. "직원은 숫자가 아니라, 각자의 위치에서 회사를 움직이는 엔진이다."

□ 배경:

이병철 회장은 평소 '1명의 탁월한 인재가 100명의 일반 인력보다 기업의 미래를 좌우한다'고 말했습니다.

1970년대 후반부터 '인재우선주의'를 내세우며, **미래를 설계할 줄 아는 인재를 따로 육성**했습니다.

그 출발이 바로 삼성종합기술원과 해외 MBA 파견이었습니다.

20. "나는 잘한 전략보다, 실패한 경험에서 미래를 설계한다."

□ 배경:

이병철 회장은 사업보고를 받을 때 "성공 사례는 3줄로 요약하라. 대신 실패 사례는 3쪽으로 써오라"고 했다는 일화가 있습니다.

그만큼 실패가 더 많은 정보를 담고 있으며, **예지력은 실패 복기에서 나온다는 철학**이 반영된 말입니다.

21. "무엇이 올지를 묻지 말고, 무엇이 오게 할지를 생각하라."

□ 배경:

1970년대 후반, 이병철 회장은 '미래를 예측하려 하지 말고 스스로 미래를 설계하라'는 태도로 전략기획실을 조직 강화했습니다.

그는 단순히 해외 기업을 따라가는 것이 아니라, **"우리가 주도권을 잡을 산업은 무엇인가"를 묻는 자세**를 요구했습니다.

22. "나는 '가능성'이 보이면, 남보다 먼저 그 방향으로 걸었다."

□ 배경:

삼성은 국내 대기업 중 가장 먼저 **반도체 산업, 휴대폰, 메모리 칩, LCD** 등 신산업에 진출했습니다.

이병철 회장은 가능성만 보이면 "수익성은 나중 문제"라며, 과감히 선투자 결정을 내렸습니다.

대표 사례가 **1974년 한국반도체** 인수입니다.

23. "지금 안 보인다고 해서, 없는 것이 아니다."

☐ 배경:

브라운관이나 반도체처럼 초기에는 시장도 없고 수요도 불분명했던 분야에 대해 "지금 눈앞에 없다는 이유로 무시해서는 안 된다"는 철학을 내세웠습니다.

이는 **보이지 않는 흐름을 보는 통찰**의 중요성을 강조한 표현입니다.

24. "세상은 언제나 움직인다. 문제는 누가 먼저 그 움직임을 감지하느냐다."

☐ 배경:

1970년대 일본 산업계의 자동화·전자화 흐름을 감지하고, 이에 따라 **삼성전기·전자·종합기술원 설립**으로 대응했습니다.

이병철 회장은 산업 변화의 '전조'를 읽는 데 집착했고, "뒤늦은 대응은 항상 비용이 크다"고 말했습니다.

25. "남들이 놀랄 때 나는 이미 준비를 끝낸 상태여야 한다."

☐ 배경:

삼성전자가 컬러TV 수출을 시작했을 때, 많은 국내 기업이 그 속도에 놀랐지만, 삼성은 **수년 전부터 설비·기술 인재를 준비**하고 있었습니다.

이병철 회장은 항상 '타이밍 싸움'에서 먼저 움직이는 것이 예지력이라고 믿었습니다.

26. "경제는 말로 움직이지 않는다. 숫자도 거짓말한다. 하지만 흐름은 진실을 말한다."

☐ 배경:

이병철 회장은 단순히 보고서나 실적보다 **시장 현장, 소비자 반응, 공급망 움직임**을 더 중요하게 여겼습니다.

이는 단편적인 수치가 아닌 **트렌드의 연속성과 변곡점**에 주목하라는 경영 방침에서 비롯된 철학입니다.

27. "모든 사건은 사전에 징후가 있다. 다만, 그 징후를 보는 눈이 없을 뿐이다."

☐ 배경:

사카린 밀수 사건 이전, 내부 고발 가능성과 정부의 수입규제 흐름이 있었지만 삼성 내에서는 이를 민감하게 보지 않았습니다.

그 이후 이병철 회장은 "위기는 언제나 징후를 남긴다"는 말을 반복하며, 조직 내 **사전 감지 시스템**을 강조하게 됩니다.

28. "하나의 문제를 꿰뚫으면, 열 개의 기회가 보인다."

☐ 배경:

1970년대 후반, 삼성이 중화학 공업 진출을 고민할 때, 이병철 회장은 **수입 비료의 문제점, 원료 수급 불안정성**을 관찰하며 그 하나의 문제를 통해 **화학 산업·플라스틱·에너지까지 연결된 기회를 구조화**해냈습니다.

29. "예측은 데이터가 아니라, 데이터의 움직임을 보는 것이다."

☐ **배경:**

이병철 회장은 MIS(경영정보시스템)를 국내 최초로 도입하며 '정적인 숫자'가 아닌 '패턴과 흐름'을 분석할 수 있는 시스템을 요구했습니다.

그는 "월별 숫자가 아니라, 그 안의 방향성과 속도를 읽으라"고 강조했습니다.

30. "세상은 늘 경고를 보낸다. 듣는 자만이 그것을 미래로 만든다."

☐ **배경:**

삼성중공업이 해양플랜트 사업에서 초기에 어려움을 겪었을 때, 현장의 신호를 무시한 결과였습니다.

이후 이병철 회장은 "시장과 고객은 말없이 경고한다. 그 신호를 읽는 자만이 이긴다"며 **현장 중심 경영 철학**을 강화했습니다.

31. "성공보다 실패가 미래를 더 많이 말해준다."

☐ **배경:**

1970년대 중반, 삼성전관이 일본과의 기술 제휴에 의존하다가 **기술 독점 문제로 계약 해지**를 당한 적이 있습니다.

이병철 회장은 이후 "우리가 겪은 실패를 분석하면, 다음 전략은 더 정확해진다"고 강조하며 실패 회고 문화를 장려했습니다.

32. "과거의 실수를 복기하면, 미래의 함정을 피해갈 수 있다."

☐ 배경:

사카린 밀수 사건 이후, 그는 해당 사건의 모든 경위, 문서, 인사 구조, 보고 체계를 재검토했고

그 과정에서 "사건보다 무서운 것은 똑같은 실수를 반복하는 것"이라는 말을 남겼습니다.

이후 **'경영일지' 작성 제도**가 본격화됩니다.

33. "실패는 질문이다. 다음에 뭘 준비할 것인가를 묻는다."

☐ 배경:

삼성의 반도체 초기 사업은 5년 이상 적자였습니다.

그럼에도 이병철 회장은 "이 실패는 우리에게 계속 질문을 던진다. 무엇을 보완해야 하고, 무엇을 확보해야 하는가?"라고 말했습니다.

이를 계기로 **삼성종합기술원 설립과 인재 확보 전환**이 이뤄졌습니다.

34. "위기를 복기하면, 다음 전쟁의 승패를 예측할 수 있다."

☐ 배경:

1970년대 중화학공업 투자 이후 오일쇼크와 외환 유동성 위기가 겹쳤을 때,

이병철 회장은 경제 진문가들을 모아 3개월간 과거의 리스크 흐름을 복기하게 하고,

그 후 "전쟁은 반복된다. 우리는 전의 패인을 분석해 다음 전략

을 짜야 한다"고 말합니다.

35. "실패한 전략은 그 시대의 가장 정확한 미래지도였다."
☐ 배경:

1980년대 초, 해외 브랜드와의 경쟁에서 삼성이 밀렸을 때,
이병철 회장은 "우리가 실패한 이유는 기술이 아니라 방향 설정"
이라며, 해당 실패 전략을 분석해 **디자인, 사용자 경험, 수출 포
장 방식 개선**으로 연결했습니다.
그는 실패 전략도 다음 시대의 지도가 된다고 믿었습니다.

36. "사람은 말보다 반응을 보면, 미래가 보인다."
☐ 배경:

이병철 회장은 직원 면담 시 말보다 **표정, 응답 시간, 침묵의 의
미**를 주의 깊게 봤다고 알려져 있습니다.
특히 주요 임원들의 발표 태도, 반응 속도, 위기 시의 침착함에서
그의 **평가 기준은 이미 결정됐다**고 회고한 바 있습니다.

37. "조직은 리더가 보는 거리만큼만 성장한다."
☐ 배경:

1977년, 삼성그룹이 최초로 10년 장기 전략 비전(1987년 플랜)
을 작성했을 때,
이병철 회장은 "내가 10년을 본다면, 너희는 5년을 볼 수 있게
될 것이고, 밑에 직원들은 2년을 보게 될 것"이라며,
리더의 시야가 곧 조직의 프레임이라는 철학을 설파했습니다.

38. "사람을 보면, 그 조직의 10년 후가 보인다."

□ 배경:

그는 사업 보고보다 인사 보고에 더 많은 시간을 할애했습니다.
특히 **임원 승진 심사**에서 "이 사람이 있는 부서는 10년 뒤 어떻게 바뀔 것인가?"를 핵심 평가 기준으로 삼았습니다.
인재와 미래는 분리되지 않는다는 철학에서 비롯된 말입니다.

39. "누구를 쓰느냐보다, 누가 미래를 말하느냐가 더 중요하다."

□ 배경:

R&D, 미래 전략, 신시장 개척 분야에서는 **기존 관례보다 비전을 말할 수 있는 사람**을 중용했습니다.
1980년대 삼성종합기술원 설립 초기, 젊은 연구원들이 핵심 보직을 맡게 된 것도 이병철 회장이 '실행보다 방향 설정 능력'을 중시했기 때문입니다.

40. "지금 눈앞의 성과보다, 5년 뒤 나를 대체할 사람을 생각하라."

□ 배경:

이병철 회장은 1985년경, 자신의 건강이 악화되면서 본격적으로 **후계자 구상과 리더십 계승 구조**를 설계하기 시작합니다.
그는 "누가 지금의 매출을 올리는가보다, 누가 미래를 이어갈 준비가 돼 있는가"를 판단 기준으로 삼았습니다.
이는 '사람을 남기는 경영'을 강조한 그의 말년 철학이기도 합니다.

2. 이병철 회장의 예지·통찰력 훈련노트
- 이병철 예지·통찰력의 기본 형성 3단계 -

1단계: 어린 시절 - 침묵 속 관찰의 힘
- 이병철 회장은 대구의 부유한 지주 집안에서 태어났지만, 말수가 적고 내성적인 성격이었음
- **서당에서 한자, 유교 경전, 고사를 배우며 '관념보다 통찰'을 키움**
- → 어려서부터 관찰하고 정리하는 데 탁월
- "어릴 적부터 그는 움직이는 사람보다 **가만히 있는 사람을 더 오래 봤다.**"
- 집안의 부자 어른들이 어떻게 말하고, 어떻게 결정을 내리는지를 옆에서 관찰
- → 이때 '말보다는 **태도와 분위기를 통해 흐름을 읽는 힘**'이 자라기 시작

2단계: 독학과 실패 - 데이터 없는 시대의 통찰법
- 와세다 대학 중퇴 후 귀국
- 1930년대 ~ 40년대에는 경제 데이터도, 분석 도구도 거의 없던 시대
- 그는 **일본 상인들과의 무역, 실패한 사업, 조선 상업의 흐름을 직접 뛰며 체득**

"조선에서 가장 빠르게 망하는 사업이 뭔지 먼저 알아야 한다."

→ 망하는 이유를 반복 기록. **사람·시기·흐름**을 패턴처럼 미리 학습함.

- 일제강점기의 **불투명한 제도·리스크·정치** 흐름 속에서
- "정보가 부족할 땐 '사람의 반응'과 '시장의 기세'를 먼저 본다"는 철학을 가지게 됨.

◎ **이 시기 통찰력 훈련 방식 요약:**

- '실패한 가게에는 어떤 징후가 먼저 나타났는가'를 기록.
- 매일 신문과 항만의 수출입 데이터를 베껴 적음.
- 상인들의 말버릇, 눈빛, 화제 주제를 관찰 → 심리 읽기 습관화함.

3단계: 사카린 사건 이후 – 통제 불가능한 변수에 대비하는 감각

- 1966년 사카린 밀수 사건으로 회장직에서 물러났을 때, 그는 절치부심하며
- **"운에 맡기는 경영은 하지 않겠다"**는 사고 전환을 함.
- 이때부터 더 집요하게 **'미래를 감지하는 구조'**를 찾기 시작.
- → 기술(전자), 사람(연구소), 데이터(MIS)로 방향 전환

"정보는 숫자고, 숫자는 예언이다."

→ 예지력을 사람의 감에서 데이터 + 시스템으로 전환시킴

- 이 시기부터 **삼성의 모든 투자에 '20년 전략 리포트'가 동반되기 시작**

◆ 요약: 이병철의 통찰력은 이런 방식으로 진화했다.

시기	방식	설명
유년기	침묵 + 관찰	말보다 태도·눈빛·상황 감지
청년기	실패 복기 + 패턴 추출	실패한 사업들에서 공통된 원인을 분석
중년기	구조화된 감지 시스템화	기술 + 데이터 + 인재를 통해 예지력 내재화

3. 이병철 회장의 예지·통찰력 7단계 따라하기

○ **Day 1. 침묵 속 관찰의 힘**

주제: 침묵 속에서 미래를 볼 수 있는가?
"미래는 먼 곳에 있지 않다.
오늘 내가 반복하는 바로 그것이, 미래를 만든다."
– TimeCosmos

○ 오늘의 핵심 질문
"말하지 않고도, 나는 상대방의 무엇을 가장 깊이 볼 수 있는가?"
우리는 평소 '말'에만 집중합니다. 하지만 미래를 감지하는 진짜
힘은 말보다 비언어적 신호에 숨어 있습니다.
표정, 시선, 손짓, 무의식적인 행동, 주변 분위기, 이런 것들이야
말로 '다가올 방향'을 가장 먼저 알려주는 신호입니다.

○ 오늘의 실천
"말을 줄이고, 움직임과 흐름을 읽어보자."
오늘 하루, 말을 줄이고 '관찰자 모드'로 살아보세요.

이병철이 초기 사업 현장에서 직원들의 '말'보다 '행동'과 '기류'를 더 중요하게 여겼던 것처럼, 당신도 오늘만큼은 '흐름을 읽는 사람'이 되어보세요.

◎ **관찰 포인트 예시:**
- 회의에서 말은 적지만 자주 끄덕이는 사람의 속마음은?
- 커피를 마시는 속도, 시선의 흔들림, 발끝의 방향이 주는 메시지는?
- 사람들 사이의 거리감, 말하지 않아도 흐르는 감정의 흐름은?

★ **Tip: 말에 의존하는 대신, '에너지의 방향'을 감지해보세요.**

○ **오늘의 시뮬레이션**
"지금의 선택이 5년 뒤 어떤 결과로 나타날까?"
아래 행동을 꾸준히 반복한다면, 5년 후 나에게 어떤 결과가 찾아올지 상상해보세요. 긍정과 부정, 양쪽 모두 고려하는 것이 핵심입니다.

◆ *예시:*
- 더 민감한 감각으로 사람을 꿰뚫어보는 능력이 생길 수 있다.

- 말보다 행동을 신뢰하는 판단력이 생길 수 있다.
- 타인의 신호에 과하게 민감해져 스트레스를 느낄 수도 있다.

○ 오늘의 통찰 훈련
"지금 이 루틴이 5년 뒤 어떤 모습으로 피어날까?"
매일 같은 질문을 반복하세요.
예지력은 '예상'이 아니라 '습관화된 시뮬레이션'에서 자랍니다.

◎ **질문 예시:**
- 지금의 '게으름'이 5년 뒤 어떤 비용으로 돌아올까?
- 오늘의 작은 '성실함'이 어떤 기회를 열까?
- 반복되는 '사소한 습관'이 삶의 방향을 얼마나 바꿀까?

○ **오늘의 통찰 한 줄 요약:**

"   "

데일리 체크리스트

- ☐ 오늘의 루틴을 관찰했다
- ☐ 미래 예측 시뮬레이션 3가지를 작성했다
- ☐ 한 줄 통찰을 기록했다
- ☐ 10분 이상 집중하는 시간을 가졌다

⁎⁎ TimeCosmos 코멘트

관찰은 통찰의 시작이자, 말보다 빠른 미래 감지력의 첫걸음입니다.

'말하는 사람'이 아니라, '흐름을 읽는 사람'이 되어보세요.

내일은 판단보다 더 깊은 '이해의 기술'을 연습할 시간입니다.

○ Day 2. 데이터 없이 하는 통찰법

2단계 훈련: 수치가 없을 때, 나는 무엇을 근거로 판단하는가?
   "수치가 없던 시대, 그는 반응과 기세를 읽었다."
   - TimeCosmos

○ 오늘의 핵심 질문
   · 정보가 부족할 때, 나는 무엇을 근거로 판단하고 있는가?
   · 실패에서 반복해서 보게 되는 나만의 패턴은 무엇인가?

우리는 수치와 데이터에 의존하지만, 현실에서는 늘 '충분한 정보'가 주어지지 않습니다.
진짜 통찰가는 **불확실한 상황에서도 '흐름과 기세'를 읽어내는 사람**입니다.

○ 오늘의 실천 과제: '비수치 통찰' 훈련
오늘은 숫자나 자료 없이도 사람의 반응, 시장의 기세, 반복되는 실패 패턴을 통해
미래를 감지해보는 훈련을 합니다.

STEP 1. 실패 복기 - 최근의 시행착오를 떠올리기
어떤 분야든 좋습니다. 최근 당신이 겪은 실패 또는 실망스러운

결과 하나를 떠올려보세요.

말하자면, '수치를 잃은 나침반'이 어디서 고장났는지를 되짚는
과정입니다.

○ **실패 사례 요약**
- 상황 요약:

- 당시 내가 의지했던 판단 기준은?:

- 지금 생각했을 때 실패의 진짜 원인은?:

STEP 2. 반복되는 패턴 파악 - 실수는 되풀이된다

한 번의 실패는 실수지만, 반복되는 실패는 '패턴'입니다.
패턴은 통찰을 가르쳐주는 신호입니다.

○ **패턴 분석 질문:**
- 이와 유사한 실패가 있었던 횟수는?
- ☐ 1번   ☐ 2~3번   ☐ 4번 이상
- 공통적으로 등장했던 인물의 유형 또는 관계 특성은?
- → _____
- 실패 직전, 내가 느꼈던 직감이나 감정은?
- → _____

STEP 3. 숫자 없는 세계에서 '기세'를 읽는 훈련

오늘 하루 동안, 숫자나 결과 없이도 사람과 시장의 분위기를 감지한 순간이 있었는지 돌아보세요.

즉각적 반응과 흐름을 감지하는 훈련은 미래 통찰의 핵심입니다.

○ 내가 감지한 반응/기세의 순간 2~4가지:

1.

2.

3.

STEP 4. 이병철처럼 '망하는 법칙'을 기록하라

"조선에서 가장 먼저 망하는 사업부터 배워라."

– 이병철

실패는 '망하는 원리'를 가르쳐주는 교과서입니다.

오늘 겪은 또는 기억한 실패에서, **망하는 메커니즘을 한 줄로 정의**해보세요.

○ 나만의 망하는 법칙:

" _____ _____ "

◆ 예시:

- "관계에서 타이밍을 놓치면 신뢰가 금방 무너진다."

- "확신 없는 투자일수록, 감정에 더 휘둘린다."
- "불안할 때 내리는 결정은 대부분 틀린 방향이다."

○ 오늘의 통찰

데이터가 없어도 흐름은 존재한다.

실패는 흐름을 학습하는 가장 빠른 교과서다.

○ 오늘의 통찰 한 줄 요약:

"＿＿＿＿＿＿＿＿＿＿＿＿＿＿＿＿＿＿＿"

데일리 체크리스트

- □ 최근 실패를 복기했다
- □ 반복되는 패턴을 인식했다
- □ 사람과 시장의 반응을 관찰했다
- □ 망하는 법칙을 정리했다
- □ 오늘의 통찰을 적었다

⁂ TimeCosmos 코멘트

수치는 언제나 한 발 늦게 도착한다.

반응은 지금 이 순간에도 흐른다.

느낌을 기록하고, 느낌을 패턴화할 수 있는 사람이 결국 '예지자'가 된다.

○ Day 3. 예지력을 시스템으로 전환하라

주제: 예지력을 '감각'에서 '구조'로 전환하라
  "정보는 숫자고, 숫자는 예언이다."
  – 이병철

○ 오늘의 핵심 질문
  • 나는 지금 감에 의존하고 있는가, 아니면 객관적 숫자에 기반하고 있는가?
  • 내 결정은 1년, 10년 뒤의 시야를 반영하고 있는가?

'예지력'은 선천적 직감이 아니다.
감각을 체계화하고, 판단을 구조화하는 훈련에서 비롯된다.
당신의 직감은 지금 **시스템화되고 있는가**, 아니면 **즉흥에 머물러 있는가?**

○ 오늘의 실천 과제: 예지 구조 설계 훈련
오늘은 **'미래 감지력'을 재현 가능하고 지속 가능한 구조로 바꾸는 방법**을 연습합니다.
이병철이 감각에서 벗어나 **사람-기술-정보**가 연결된 시스템을 설계했던 것처럼, 당신도 '감'이 아닌 '구조'로 미래를 대비하는 뇌'를 훈련할 수 있습니다.

STEP 1. 최근 나의 중요한 결정 복기

○ **결정 요약**
- 어떤 결정이었는가?

→ _____

(없다면 향후 모든 결정을 기록하는 습관을 시작하세요)
- 당시 판단에 사용한 근거는?

→ _____

- 이 결정에 1년 혹은 10년 후의 관점을 반영했는가?

→ □ 예　　　□ 아니오

STEP 2. 나의 '의사결정 구조' 점검

이병철 회장은 위기 이후, 직관 중심 사고를 버리고 **'감 → 구조'의 전환**을 단행했습니다.
그는 사람에 의존하기보다 시스템을 만들었습니다.

○ **현재 내 의사결정 시스템 점검표**
(해당하는 항목에 √표, 부족한 항목은 따로 적기)
- □ 사람에게 의존하는가
- □ 감이나 직관 중심으로 판단하는가
- □ 재무 데이터 또는 수치 기반 판단이 존재하는가
- □ 장기 시나리오(1년 이상)를 가진 적 있는가
- □ 리스크를 사전 예측해본 경험이 있는가

○ 지금 나에게 **부족한 항목은?**

→ _____

STEP 3. 나만의 '20년 전략 리포트'미니 버전

이병철 회장은 주요 사업마다 **20년 전략 리포트**를 만들었다.
당신도 지금, 하나의 선택이나 분야에 대해 장기 시나리오를 작
성해보자.

○ **미니 전략 리포트 (핵심 주제 1가지)**

• 주제:

_____

• 5년 후 예상 변화:

_____

• 10년 후 시나리오:

_____

• 20년 후에도 유효할 기준 또는 원칙은?

→ _____

◆ *예시:*

• 주제: 콘텐츠 기반 퍼스널 브랜드
• 5년: 책 출간, 강연 및 소셜미디어 영향력 확보
• 10년: 미디어 플랫폼 또는 교육 비즈니스로 확장
• 20년: 나의 콘텐츠 철학을 계승하는 팀 또는 생태계 형성

- 원칙: 진정성, 반복 가능한 구조, 타인에게 전이 가능한 가치

STEP 4. 반복 가능한 '예지 시스템'을 설계하라

예지력은 **반복 가능한 구조**를 통해 진화한다.
'한 번의 직감'은 우연일 수 있지만, '반복 가능한 판단 루틴'은 전략이다.

◎ **예지 시스템 설계 예시:**
- 정기 보고 루틴 (매주/매월 상황 점검)
- 의사결정 전 체크리스트 (5가지 질문법 등)
- 대시보드(지표 기반 리포트 시각화) 구축
- 리스크 발생 시 대응 프로토콜(3단계 대응 시나리오)

○ **나만의 구조 설계 아이디어:**

" _____ "

○ **오늘의 통찰**
  운을 거부한 사람은 시스템을 만들기 시작한다.
  예지력은 감각이 아니라, 반복 가능한 구조다.
  진짜 통찰가는 '예감'을 '예측 가능한 설계'로 전환할 줄

아는 사람이다.

○ **오늘의 통찰 한 줄 요약:**
"   "
_____

데일리 체크리스트
- ☐ 최근 중요한 결정을 복기했다
- ☐ 나의 의사결정 구조를 점검했다
- ☐ 미니 전략 리포트를 작성했다
- ☐ 반복 가능한 시스템 설계를 시도했다
- ☐ 오늘의 통찰을 한 줄로 정리했다

✦ **TimeCosmos 코멘트**

감각은 날카로울 수 있다. 하지만 구조는 예측 가능성을 만든다.

미래는 결국, '시스템으로 보는 자'의 것이 된다.

당신은 이제 감각의 시대에서 구조의 시대로 이동 중이다.

○ Day 4. 결과 역산 사고법

주제: 미래에서 현재를 바라보라
 "원하는 미래를 먼저 설정하라. 그러면 오늘 해야 할 일이
 보인다."
 – TimeCosmos

○ 오늘의 개념: 결과 역산 사고법이란?

결과 역산 사고법(Backward Design Thinking)은
미래에 도달하고자 하는 결과를 먼저 설정한 뒤,
그 목표를 달성하기 위해 **오늘 무엇을 해야 하는지를 거꾸로 추
적**하는 사고 방식입니다.

○ 현재 중심 설계 → 미래 중심 설계로의 전환

- 보통 우리는 '지금 할 수 있는 일'부터 생각합니다.
- 그러나 역산 사고는 **미래의 성공한 나**가 기준입니다.
- 결과가 고정되면, 여정은 단축되고 방향은 명확해집니다.

○ 대표 사례:

일론 머스크, 제프 베조스 등은 "먼저 미래를 정의하고, 현재
를 그것에 맞게 재설계"하는 방식으로 혁신과 성과를 가속화
했습니다.

○ 오늘의 질문

　"5년 후 최고의 결과를 이룬 나는,

　오늘 어떤 선택을 했을까?"

이 질문을 아침마다 던지는 사람은, 시간을 거꾸로 쓰는 사람입니다.

과거에 끌려가지 않고, 미래로부터 당겨지는 삶이 시작됩니다.

○ 오늘의 실천 과제: 미래 기반 오늘 재설계

　STEP 1. 5년 뒤의 이상적인 나를 구체화하라

○ 나의 미래 목표 (5년 후):

→

◆ 예시:

- 연 매출 10억 원의 콘텐츠 사업 대표
- 매일 5시 기상, 건강한 65kg의 몸
- 3권의 책을 출간한 작가
- 마음이 안정된 상태에서 가족과 식사를 나누는 삶

STEP 2. 그 미래를 만든 나의 행동 루틴 상상하기

"그때의 나는, 어떤 오늘을 반복했을까?"

○ 5년 후의 내가 오늘 했을 법한 행동들:
    1.
    2.
    3.

★ Tip:
하루 1%씩 반복되는 행동이 미래를 만든다는 점을 잊지 마세요.
당신의 선택은 거대한 결과의 씨앗입니다.

STEP 3. 오늘 당장 실행할 한 가지 선택

○ 오늘 내가 실행할 행동 하나:
→

지금 이 행동은 작지만,
그 미래의 당신에겐 결정적인 전환점일 수 있습니다.

○ **오늘의 통찰**

지금까지의 삶은 과거의 선택이 만들었다.

그렇다면 앞으로의 삶은, **지금의 선택이 책임진다.**

○ **오늘의 통찰 한 줄 요약:**

"   "
_____

데일리 체크리스트

- □ 5년 후의 목표를 구체적으로 설정했다
- □ 그 목표에서 역산하여 오늘의 행동을 상상했다
- □ 오늘 실행할 한 가지를 정했다
- □ 오늘의 통찰을 기록했다

✾ **TimeCosmos 코멘트**

대부분의 사람은 '가능한 일'부터 시작하지만,

진짜 성과를 내는 사람은 '원하는 결과'부터 시작한다.

당신은 이제 가능성의 인간에서, 설계의 인간으로 진화하고 있다.

내일은, 이 반복을 어떻게 루틴으로 만들 수 있을지를 함께 배운다.

○ Day 5. What If 시나리오 훈련

주제: 미래 가능성 확장 훈련
"통찰력은 질문에서 시작된다.
좋은 질문은 새로운 미래를 만든다."
– TimeCosmos

○ 오늘의 개념: **What If 시나리오 훈련이란?**
"만약 ~라면?"
이 짧은 질문은 당신의 상상력을 열고,
불확실한 미래에 **대비, 전환, 기회 포착**의 문을 여는 강력한 도구
입니다.

○ **What If 사고의 목적은?**
- 기존 사고의 틀에서 벗어나 경계 밖에서 생각하기
- 위기 상황을 미리 시뮬레이션해 회복탄력성을 키우기
- 말도 안 되는 상상이 미래 전략이 되는 경험 만들기

○ 오늘의 질문
"만약 내 사업 파트너가 AI라면?"
"만약 내가 1년 안에 전 세계 어디든 살아야 한다면?"

"만약 매출이 갑자기 0원이 된다면?"
"만약 3개월 후 지금의 직업이 사라진다면?"

○ **포인트: 질문이 클수록, 시야는 멀어진다.**
비현실적인 상상이 결국 가장 현실적인 대비가 된다.

○ **오늘의 실천 과제: What If 전략 훈련**

STEP 1. 오늘의 What If 질문 만들기

○ **오늘 나만의 What If 질문:**

"만약 _____ 라면?"

◆ *예시:*
   • "만약 내가 내일 CEO가 된다면?"
   • "만약 모든 고객이 AI 챗봇으로 바뀐다면?"
   • "만약 내가 지금 하는 일이 10배 확장된다면?"

STEP 2. 상상 시나리오 3가지 그리기

이제 그 질문을 바탕으로 가능한 3가지 미래를 상상해보세요.

○ **What If 시나리오:**

(긍정적)

_____

(부정적)

_____

(놀라운 전개 또는 기회)

_____

★ **힌트:**
- 긍정적: 기회, 확장, 영향력
- 부정적: 위험, 손실, 혼란
- 놀라운 전개: 예측불가한 전환점

STEP 3. 상상을 '행동'으로 끌어오기

상상은 강력하지만,
현실로 옮겨질 때만 통찰이 됩니다.
작더라도, 오늘 당장 실천할 수 있는 액션을 선택하세요.

○ 오늘 적용 가능한 실천 한 가지:

→ _____

◆ *예시:*
  - AI 파트너 상상을 바탕으로 챗GPT에게 오늘 할 일을 위임해보기
  - 직업 소멸 시나리오를 고려해 새로운 역량 학습 시작하기
  - 위기 시 매출을 분산할 수 있는 보조 채널 기획해보기

○ **오늘의 통찰**
  미래를 창조하는 힘은
  "지금 이 질문을 던질 용기"에서 시작된다.

○ **오늘 나의 통찰 한 줄 요약:**

" _____ "
  _____

  데일리 체크리스트
  - □ 나만의 What If 질문을 만들었다
  - □ 시나리오 3가지를 상상했다
  - □ 오늘 적용 가능한 행동을 선택했다
  - □ 오늘의 통찰을 한 줄로 정리했다

상상은 전략의 전 단계입니다.

당신이 오늘 만든 질문은,

5년 뒤의 당신을 미리 지켜주는 방파제이자 도약판이 될

것입니다.

내일은, '루틴'으로 예지력을 내면화하는 방법을 함께 배

웁니다.

○ Day 6. 직전 징후 포착 훈련

주제: 미래 변화의 전조 감지
"변화는 갑자기 오는 것이 아니다.
늘 조용히, 먼저 징후로 온다."
– TimeCosmos

○ 오늘의 개념: 징후(Sign)란 무엇인가?
모든 변화는 '전조'를 동반합니다.
사람들은 그것을 '이상함' 혹은 '우연'이라 부르지만,
통찰가는 그것을 징후(Sign)라고 부릅니다.

○ 징후의 특징:
- **불분명하지만 반복적으로 보인다**
- **주류가 아닌 곳에서 먼저 나타난다**
- **논리보다 직감이 먼저 반응한다**
- **'왜 그런지 모르겠는데 이상하다'는 느낌이 든다**

○ 오늘의 질문
"지금, 시장에서 혹은 일상에서
내가 감지한 이상한 신호는 무엇인가?"
이 질문은 단순히 '정보'를 찾기 위한 것이 아닙니다.

감각을 열고, 미래 흐름의 파동을 감지하기 위한 안테나를 세우는 것입니다.

○ **오늘의 실천 과제:** 징후 → 흐름 → 전략

STEP 1. 오늘의 이상 신호 관찰

뉴스 헤드라인, SNS 알고리즘, 사람들의 대화, 광고 문구, 기술 발표, 동네 가게의 변화…
사소해 보이지만 '기류가 바뀌었다'는 신호를 기록해보세요.

○ **오늘 포착한 이상한 신호 / 변화 단서:**
1.
2.
3.

★ **힌트:**
  - 요즘 갑자기 많이 보이는 키워드
  - 광고 문구에서 느껴지는 감정 코드의 변화
  - 사람들이 자주 꺼내는 불안감이나 기대감
  - 이상하게 자주 반복되는 현상

STEP 2. 징후 → 미래 변화 예측

앞서 포착한 징후들이 1~3년 안에 어떤 흐름으로 발전할 수 있을지 예측해보세요.

○ **예측되는 변화/흐름 (1~3년 이내):**

1.

2.

3.

○ **포인트:**

- 가설이 틀려도 좋습니다.
- 중요한 건 '감지하고 상상해보는 능력'자체입니다.
- 예측은 습관이 될수록 정밀해집니다.

STEP 3. 나에게 주어질 기회 또는 위기

감지한 변화는 모두에게 똑같지 않습니다.
어떤 사람에겐 기회, 어떤 사람에겐 위기가 됩니다.
당신에게는 어떻게 다가올까요?

○ **기회 / 위기 정리:**

- 기회: _____
- 위기: _____

★ **Tip:**
- 나의 역량/사업/가치관과 연결해서 판단해보세요.
- 변화에 가장 먼저 반응하는 사람만이 설계자가 됩니다.

○ **오늘의 통찰**
   먼저 눈치채는 자가,
   먼저 준비하는 자가 된다.

○ **오늘 나의 통찰 한 줄 요약:**
" _____ "
_____

데일리 체크리스트
- □ 이상한 징후를 3가지 이상 관찰했다
- □ 1~3년 내 예측 가능한 변화 흐름을 상상했다
- □ 나에게 올 기회와 위기를 구분해보았다
- □ 오늘의 통찰을 한 줄로 정리했다

⁂ TimeCosmos 코멘트

당신의 안테나는 점점 민감해지고 있습니다.

세상의 겉모습보다 **기류의 변화**를 먼저 감지하는 능력,

그것이 '미래에 가장 먼저 반응하는 사람'의 무기입니다.

내일은, **당신 자신을 미래의 인물로 시뮬레이션하는 훈련**

이 기다리고 있습니다.

○ Day 7. 미래 인물 시뮬레이션

주제: 미래형 나를 설계하라
"당신이 되고 싶은 사람처럼 살기 시작하는 순간,
이미 절반은 도달한 것이다."
– TimeCosmos

○ 오늘의 개념: '미래 자아'와의 동기화
미래는 막연한 희망이 아니라,
현재의 내가 '흉내 내기 시작한 모습'에서 시작됩니다.
당신이 되고 싶은 '10년 후의 나'를 **가상의 인물처럼 시뮬레이션**
해보고, 그 인물처럼 살아보는 하루는,
단순한 상상이 아닌 **목표 기반 행동 실험**이 됩니다.

○ 오늘의 질문
"10년 뒤, 나는 누구로 살아가고 있을까?"
"그 사람은 오늘 어떤 하루를 보내고 있을까?"

○ 오늘의 실천 과제: 미래 자아 시뮬레이션

STEP 1. 10년 후의 나를 구체적으로 묘사하라

○ **10년 후의 나 (Year 2035)**

• 이름 또는 정체성 키워드:

_____

(예: '디지털 노마드 작가', 'AI투자전략가', '로컬에 뿌리 내린 창업가')

• 직업/사회적 역할:

_____

• 하루 루틴:

_____

• 나는 지금 무엇을 가장 중요하게 여기는가?

→ _____

• 내 삶의 가치는 어떤 방식으로 실현되고 있는가?

→ _____

○ **포인트:**
직업만이 아니라 삶의 태도와 환경까지 상상하세요.
미래 자아는 내가 오늘부터 연기할 수 있는 인물입니다.

STEP 2. 오늘 당장 실천할 '미래 자아 행동' 선택
오늘 하루, 그 사람이 될 준비를 시작하세요.

아주 작게라도 말투, 루틴, 사고방식, 일정 구성 등을 흉내 내보는 것입니다.

○ **오늘 실행할 미래형 행동 3가지:**

1.

2.

3.

◆ *예시:*
- 이메일 서명을 '창업자'로 바꿔보기
- 명상 10분을 포함한 아침 루틴 시도
- 불필요한 소셜미디어 1일 로그아웃
- 미래의 내가 대화에서 사용하는 언어 톤 흉내내기

STEP 3. 하루를 살아본 소감 기록

○ **미래형 루틴 체험 후 느낌 기록:**

- 좋았던 점: _____

- 어색했던 점: _____

- 계속 유지하고 싶은 점: _____

★ **Tip**:
- 하루의 몰입도가 당신이 원하는 삶과 얼마나 일치하는지 체크하세요.
- 진짜 나와 어긋난다면, 미래 자아의 설정을 다시 조정해도 좋습니다.

○ **오늘의 통찰**

내가 되고 싶은 사람은,

내가 매일 반복하는 '행동'의 총합이다.

○ **오늘 나의 통찰 한 줄 요약:**

" _____ "

데일리 체크리스트
- ☐ 10년 뒤 나의 삶을 구체적으로 설계했다
- ☐ 오늘 실행할 미래형 행동 3가지를 정했다
- ☐ 하루를 미래 자아로 실험해보고 소감을 기록했다
- ☐ 오늘의 통찰을 정리했다

⁂ TimeCosmos 코멘트

'미래의 나는 지금의 나보다 훨씬 명확하다.'

오늘 당신은 그 사람의 **하루를 미리 살아봤습니다.**

대부분은 미래를 기다리지만,

통찰가는 미래를 '연기'하다가 '현실화'시킵니다.

내일은, **결정의 순간에 기준을 지키는 통찰 훈련**이 기다립니다.

○ 7단계 통찰력 훈련 완료!

7일간 1세트씩 반복하세요. 매일의 습관이 미래를 '예측하는 사람'뿐만 아니라 미래를 '설계하는 사람'으로 도와줍니다.

4. TimeCosmos의 예지·통찰력 관련 책 추천

1. 통찰의 기본기를 다지고 싶다면,

『생각에 관한 생각』(대니얼 카너먼)은 통찰력의 구조를 근본적으로 이해하는 데 꼭 필요한 책입니다. 이 책은 사람들이 어떻게 직관과 논리를 혼용하여 판단을 내리는지 설명하면서, 우리가 흔히 빠지는 인지 편향과 오류를 해부합니다. 즉, '내가 똑똑하다고 생각하는 순간 통찰을 잃는다'는 경고를 주는 책입니다.

또한 『어떻게 원하는 미래를 얻는가』(제이슨 쉐나커)는 단순한 목표 설정이 아닌, 결과에서부터 사고를 역산해 현재를 설계하는 법을 알려줍니다.

2. 전략적 사고와 사고틀 전환을 원한다면,

통찰은 단순히 직감이 아닌, 구조화된 '생각의 기술'로 훈련될 수 있습니다. 『생각의 비밀』(조지 폴야)은 수학적 문제 해결을 통해 체계적으로 사고하는 힘을 길러주는 고전입니다. 문제를 다각도로 쪼개보고, 작은 단서에서 패턴을 읽는 능력을 길러줍니다.

또한 『블루오션 전략』(김위찬 외)은 기존 경쟁의 틀에서 벗어나 완전히 새로운 시각으로 시장을 재구성하는 사고를 보여줍니다. 통찰이란 기존의 경로에서 벗어나는 '다른 질문'을 던지는 능력이라는 점을 일깨워줍니다.

3. 미래 흐름과 징후를 읽는 통찰을 키우고 싶다면,

『메가트렌드』(존 나이스빗) 시리즈는 시대를 뒤흔든 미세한 흐름이 어떻게 큰 변화로 이어지는지를 체계적으로 분석합니다. 지금 일어나는 작은 조짐 속에서 10년 뒤 산업 구조를 읽는 훈련에 매우 유익합니다.

그리고 『시그널』(마샬 밴 앨스타인)은 시장과 데이터 속에 숨어 있는 '신호'를 감지하고, 이를 해석해 전략으로 연결하는 법을 다룹니다. 숫자와 정보가 단순한 기록이 아닌, '예언의 도구'라는 이병철식 사고를 떠올리게 만드는 책입니다.

4. 창의적 통찰과 감각적 사고를 확장하고 싶다면,

『생각의 기술』(에드워드 드 보노)는 기존의 논리적 사고를 '수직 사고'라 부르고, 창의적 전환은 '수평 사고'에서 나온다고 설명합니다. 이 책은 일상에서 새로운 각도로 문제를 바라보는 훈련을 하기에 매우 적합하며, 'What If 훈련'과 연결하여 읽으면 좋습니다.

또한 『일의 격』(이나모리 가즈오)은 통찰을 단순한 기술이 아닌, 인간성과 철학의 산물로 보며 '사람을 꿰뚫는 통찰'을 강조합니다. 경영자뿐 아니라 내면의 성숙을 원하는 모든 이에게 추천할 만한 책입니다.

5. 이병철의 통찰을 이해하고 싶다면,

『호암자전』(이병철 자서전)은 이병철 스스로가 자신의 선택, 실패, 통찰의 과정을 고백한 책으로, 통찰력이란 평범한 일상과 위기 속에서 어떻게 다듬어지는지를 생생히 보여줍니다. 단순한 회고가 아니라, 그가 어떤 관찰을 하고 어떻게 판단했는지를 읽는 데 중점을 두면 좋습니다.

함께 읽으면 좋은 책으로 『삼성을 만든 정신』(정진석) 도 있습니다. 이병철의 말과 철학을 구조화하여 정리한 책으로, 특히 의사결정의 기준, 사람을 보는 눈, 흐름을 감지하는 감각 등을 배우기에 적합합니다.

덧붙여: 통찰을 일상화하고 싶다면,
『아침에는 죽음을 생각하는 것이 좋다』(김영민)는 평범한 일상에 아주 예리한 질문을 던지는 훈련서입니다.

통찰이란 먼 곳에 있는 게 아니라, 일상에서 질문의 깊이가 달라질 때 생긴다는 것을 보여줍니다.

또한 『The Art of Thinking Clearly』(롤프 도벨리)는 우리의 통찰을 방해하는 99가지 인지 오류를 일목요연하게 정리한 책으로, 통찰력을 높이기 위해 반드시 읽어야 할 실용서입니다.

5. 참고문헌 및 창작 영감의 원천

『TimeCosmos』는 실존 인물과 기업사를 기반으로, 통찰력·경영 전략·산업예측을 결합한 팩션 서사입니다.
다음 자료들은 집필 과정에서 배경 고증, 인물 탐구, 산업구조 이해, 통찰 훈련, 창작적 상상력의 측면에서 참고하였습니다.

1) 인물 및 회고록

이병철. 『호암자전』
이채윤. 『이건희 스토리』
조연심. 『이건희의 말』
한홍구. 『정주영 평전』
유일한. 『죽음에서 배운다』, 『나는 이렇게 생각한다』
김우중. 『내가 본 한국경제 50년』
안철수. 『두려움 없는 기업가』
박영택. 『창업자 정신』

2) 삼성 및 한국 산업사 자료

『삼성 100년 사사』, 삼성출판문화원(사내 비공개본 일부)
삼성전자·삼성물산·삼성중공업 연차보고서(1970~2024)
삼성그룹 백서 및 기획자료(산업연구원·국회도서관 수집본)

장하성.『한국 산업화의 길』
신동준.『현대와 삼성, 무엇이 다른가』
박기현.『대한민국 산업유산 답사기』

3) 경영 전략 및 통찰 훈련
짐 콜린스.『Good to Great』
에릭 리스.『The Lean Startup』
피터 틸.『Zero to One』
대니얼 카너먼.『Thinking, Fast and Slow』
존 도어.『Measure What Matters』
벤 호로위츠.『Hard Thing About Hard Things』
클레이튼 크리스텐슨.『The Innovator's Dilemma』
김위찬·르네 마보안.『Blue Ocean Strategy』
손자.『The Art of War(손자병법)』

4) 미래 예측·기술·산업 변화
에이미 웹.『The Signals Are Talking』
피터 디아만디스.『The Future is Faster Than You Think』
유발 하라리.『Homo Deus』
카이푸 리.『AI 2041』
한스 로슬링.『팩트풀니스』
마이클 모리츠.『넥스트 콘버전스』
클라우스 슈밥.『제4차 산업혁명』
폴 크루천 외.『인류세 Anthropocene』

5) 역사 및 시대 배경 고증

김낙년. 『20세기 한국경제사』

박태균. 『대한민국 현대사』

김영식. 『한일 근대경제비교사』

한국개발연구원(KDI). 『1950년대 산업화의 길』

삼성전자 자료실. 『브라운관의 역사와 전자산업의 진화』

국사편찬위원회·경제기획원 사료집

6) 창작 및 상상력 기반 작품

김범준. 『회장이 돌아왔다』

미나시나 다카시. 『데이터로 경영하라』

H.G. 웰스. 『타임머신』

필립 짐바르도. 『타임 패러독스』

브라이언 와이즈. 『창조적 상상력의 기술』

윤태영. 『미래를 바꾸는 통찰의 기술』

Netflix 다큐멘터리: 삼성 반도체·일본 전자산업 쇠퇴 사례

TED, 하버드 비즈니스 리뷰(HBR), Nikkei Business 논문 등

7) 기타 추가 창작·자료 활용

ChatGPT(OpenAI) 기반 자료 정리 및 시뮬레이션적 문장·콘텐츠 보조

인터넷·온라인 데이터베이스·이미지 사진자료 참조 등(삼성전자, 제품사, 역사적 사진 등)

"QR코드를 스캔하시면 다음 여정으로 출발합니다."

<TimeCosmos QR코드 회귀넘버 : F2025.0917.1008 : T1951.0917.1008>